ÍNDICE:

UN RINCÓN PARA MADURAR

DEDICATORIA

Para todos nuestros mayores, especialmente para los que están enfermos, en soledad o aquellos sacudidos por la desolación, la tristeza y la melancolía de otros tiempos que siempre fueron mejores, aunque los pasaron, a cada momento, regalándonos todos sus esfuerzos y lo mejor que tenían.

AGRADECIMIENTOS

Gracias a todas las personas que me han ayudado con este libro; especialmente:

A mi madre: Carmen. Es mi madre… ¿qué queréis que os diga…? La mejor.

A Manuel. Gracias por tus consejos y por tus ánimos.

A José María. Gracias por estar siempre donde se te necesita.

A Jesús Sánchez, por tu aprecio, enormemente correspondido, por apoyarme con un emotivo prólogo y por darme tantos ánimos.

En todos los casos, bastó una llamada o una simple frase… «¿Me podrías ayudar con…?» para que, sin pensarlo, se brindaran a ayudarme desinteresadamente; gracias a todos y todas, de corazón.

<u>PRÓLOGO</u>

Manuel Molina y yo coincidimos hace algún tiempo en el Colegio de Médicos, cuando yo era secretario del mismo. Nuestra notable diferencia de edad no ha sido óbice para mantener entre nosotros el mutuo aprecio y amistad.

Hace unos días, me sorprendió mi amigo Manuel al solicitarme prologar su novela ***Un rincón para madurar.*** Aunque la propuesta no dejaba de ser halagadora, mi incompetencia al respecto me aconsejaba declinar amablemente su invitación, pero mi referida amistad con el novel escritor me impedía desatender su demanda sin conocer la novela en cuestión. Ante tal auténtico dilema, me acordé de la misma disyuntiva, pero supuesta, que se le planteó al conocido poeta cuando, ante la solicitud de Violante de un soneto, confiesa no haberse visto jamás en tal aprieto.

Entiendo que prologar no consiste en halagar al autor elogiando su obra, sino más bien en emitir un juicio sobre la misma con fundamento y objetividad, y, como le dije a Manuel desde que me propuso prologar su novela, mi incompetencia literaria es evidente. No obstante, deseando satisfacer a mi amigo, procedí sin más dilación a leerla.

En efecto, la novela, a lo largo de sus diez capítulos, gira en torno a la solución del problema psicológico de su protagonista, Samuel, un hombre recientemente jubilado, que, tras el fracaso del tratamiento con un célebre especialista privado de Madrid, se recluye en ***Un rincón para madurar,*** donde, Héctor, un joven psicólogo en paro, sin más medios que su bondad, su amistad y su interés, en un medio ambiente adecuado, aborda pacientemente su tratamiento.

Ignoraba igualmente que Manuel fuera un «apasionado del mundo de la psicología». Esa explicitada afición de Manuel me obligó a recelar si sería posible conciliarla con mi modesta experiencia al respecto. Me explico: ya en los años cincuenta del siglo pasado, los médicos cursábamos la psicología como asignatura. Si mal no recuerdo, la psicología médica se emancipó de la filosofía a finales del siglo diecinueve. Luego vino Freud, el psicoanálisis, etc., etc. Desde entonces, aun teniendo noticias de ciertos progresos, como simple médico, siempre me he considerado un escéptico de ciertos tratamientos psicológicos, y muy especialmente de los laboratorios llamados de psicología experimental. El indudable nexo entre las secreciones internas y la actividad psíquica, es decir, la íntima coordinación neurohormonal creo que sigue siendo un misterio, y, aunque los psicólogos siguen intentándolo, los resultados de sus experiencias sobre la organización sensorial no han logrado, a mi modesto entender, una explicación satisfactoria de la relación entre actividad fisiológica y actividad psíquica. Recuerdo, al respecto, el libro de Alexis Carrel, Premio Nobel de Medicina titulado *La incógnita del hombre (El hombre, ese desconocido)*.

Esperamos que Manuel, desde **su rincón para trabajar,** consiga para Albacete el tercer Premio Planeta (el primero se fue a Montalvos y el segundo a Almansa) y, más aún, que de novel escritor pase algún día a Nobel.

Jesús Sánchez Santos
Médico

INTRODUCCIÓN

5 de febrero de 2012

Era invierno. El amenazador aguacero torrencial que caía con un viento helado golpeaba las endebles ventanas de madera de la casa; la oscuridad se había adueñado de todo demasiado pronto.

Un desmedido estruendo proveniente de un trueno sonó por toda la montaña, acompañado de un relámpago que iluminó la habitación por completo. Samuel, que se había quedado dormido frente a la chimenea encendida, se despertó sobresaltado y se incorporó de un impulso de su viejo sillón, casi tan viejo sucio y descuidado como lo estaba él, miró su reloj, eran tan solo las siete de la tarde, en otra zona del globo seguramente había una multitud disfrutando de un tiempo espléndido, de atardeceres eternos que duran hasta las diez de la noche, atardeceres que parece que luchan con la oscuridad durante horas, pensó Samuel, pero en aquella montaña y en invierno, a las siete ya era demasiado tarde para eso; la gélida oscuridad se adueñaba de todo.

Samuel tenía sesenta y seis años, hacía un año aproximadamente que se había jubilado, había trabajado en una multinacional de comercial casi toda su vida, de una altura y peso medio, llamaba la atención por sus pronunciadas cejas, que al igual que el cabello, de marcadas entradas, estaban algo vencidas por las canas, la barba de una semana que solía llevar junto con su ropa arrugada, con algún lamparón que otro, dejaban a la luz a un señor que aparentaba más edad, aunque ostentaba un noble gesto abrigado de una distintiva elegancia y una mirada clara y bondadosa.

Vivía en una cabaña de madera, desquebrajada y reseca por las embestidas del aire helado, típico de los eternos inviernos que transcurrían por allí. La cabaña de una sola planta tenía un recibidor al entrar que te llevaba a un gran salón con chimenea y cocina americana y un par de ventanas desde las cuales no se podía ver más allá de los pinos, encinas y demás árboles y arbustos silvestres del bosque; a la derecha había un pequeño pasillo que daba a un cuarto de baño y un par de dormitorios. El suelo también era de madera, cuyas tablas crujían como si se fueran a partir cada vez que eran pisadas, la instalación eléctrica estaba al aire en la mayor parte de la casa, se veían los cables colgando o arrastrando por el suelo, del tejado provenían multitud de ruidos, que Samuel conocía a la perfección; a veces, era porque caía una piña de un pino que se cobijaba al abrigo de esas viejas paredes; otras veces, el hielo hacía que rechinaran hasta los clavos que lo sujetaban, y otras era simplemente el rumor de un tejado pidiendo una reparación urgente. Samuel los conocía todos y se había acostumbrado a ellos. Los muebles, tan dejados como el resto de la casa, eran de distintos estilos, comprados en diversas décadas; tan pronto te encontrabas un arcón negro de principios de siglo como un sofá con un diseño a cuadros marrones y blancos de un marcado estilo de los setenta, dos viejos sillones de época sin determinar o una enorme librería blanca de los años 90, con un hueco «habitado» por una enorme televisión de última generación o un mueble auxiliar color pino casi nuevo de una de esas multinacionales que venden muebles prefabricados; en todos ellos, el polvo dejaba una pátina inadvertida por Samuel. Lo que no faltaban eran las figuritas, de todos los tipos y materiales; no había repisa o mueble en el que no se posaran unas pocas, por todas las estancias las podías encontrar, esperando que alguien las observara, algunas de ellas representaban animales, como cisnes, perros y ositos de cristal, otras representaban escenas, como una pareja de novios besándose o caminando de la mano, etc.

Había una de porcelana, separada de las demás, sobre una peana muy decorada, una bella y esbelta chica de cara sonriente y angelical con grandes ojos, que lucía un bonito vestido blanco, sujetaba en su mano derecha un gran paraguas abierto de color rosa, con una pose erguida y una pierna doblada casi noventa grados; llamaba la atención sobre todo el conjunto, su sincera y preciosa sonrisa («Es curioso…, no he visto nunca a nadie que sonría tanto cuando está lloviendo y anda por la calle con un paraguas», es lo que dijo Samuel la primera vez que la vio).

Miraras a donde miraras te las encontrabas; a Samuel no le gustaban mucho, pero se había acostumbrado a ellas y ni siquiera se percataba de su presencia. La mayoría las compró su mujer; cada vez que hacían un viaje o había alguna buena noticia o novedad en sus vidas que celebrar, por insignificante que fuera, se incorporaba una nueva figurita a la colección. En varias ocasiones, Samuel había sugerido guardar algunas en cajas para descargar un poco las paredes, pero no logró convencer a su mujer; ese tema había sido motivo de discusión más de una vez, hoy lucían todas en la cabaña, como una melancólica colección de recuerdos. Esas cuatro paredes eran todo lo que tenía Samuel, y un viejo utilitario color dorado, de unos veinticinco años, que aparcaba en el exterior del recinto vallado, junto al camino.

Catorce kilómetros más abajo se encontraba un pueblecito, llamado Jara, con unos cuatrocientos habitantes, que en verano triplicaba su población debido al auge del turismo rural.

Un pequeño riachuelo corría por en medio del pueblo, por un canal de piedra que databa de la época romana. El susurro del agua hacía placentero y relajante pasear por sus calles; en invierno, más de una vez, se quedaba incomunicado por las copiosas nevadas que asolaban la zona. Samuel bajaba a comprar víveres a una tiendecita de ultramarinos que vendía de todo: droguería, alimentación, textil, etc.

La tienda estaba en la planta baja de una antigua casa, un poco desatendida, con una fachada encalada de blanco y un desmedrado zócalo de color marrón maltratado por la humedad y las inclemencias del tiempo. La puerta de acceso a la tienda era de madera; tras ella un tremendo escalón daba a una habitación diáfana donde tenía todo el género expuesto, el olor a rancio y a fruta madura se mezclaba y se te pegaba en la nariz un buen rato. Tras un anticuado mostrador de madera pintado de verde hierba, se encontraba Flora, una locuaz tendera de unos sesenta años, de una altura de unos 160 centímetros, su rostro era risueño y luminoso, aunque algo arrugado, pelo corto y ondulado, teñido de rubio, unas cejas color azabache, un tanto perfiladas, cobijaban sus minúsculos y redondeados ojos de color castaño claro, que le hacían chiribitas cada vez que entraba alguien por su puerta; iba ataviada con su eterno delantal morado que había perdido el lustre con el paso del tiempo. Aunque era un tanto cotilla, siempre que entraba alguien lo recibía con una sonrisa en la boca y algún tema de conversación; su simpatía era envidiable, jamás parecía tener un mal día, por desgracia apenas fue a la escuela y era casi analfabeta, aunque para las matemáticas tenía una notable destreza. A Samuel le servía de poco su empatía, porque más de una vez la dejó con la palabra en la boca con afán de marcharse lo antes posible.

La iglesia del pueblo estaba en ruinas, pero habían habilitado una parte de la misma, y allí tenían su pequeña ermita de culto, en la plaza de San Juan, que era asistida por un joven sacerdote, casi recién salido del seminario, llamado Guillermo.

Samuel llevaba viviendo solo en aquella cabaña un año y aún no la había visto por dentro, aunque desde niño fue católico de misa semanal y alma recta, y cuando viajaba, siempre visitaba las iglesias de la zona. Incluso había colaborado en alguna que otra actividad católica. Actualmente, sus creencias religiosas no ocupaban ni una de sus neuronas; aunque nunca dejó de ser una buena persona, su fe había desaparecido por completo, sentía que Dios lo había abandonado y simplemente se dedicaba a vivir su día a día, intentando sin éxito no pensar demasiado.

Como en todo pueblo que se precie, había un bar, disponía de un comedor con vistas a los pinares que rodeaban el pueblo, era un lugar acogedor y familiar, su gran chimenea calentaba a los vecinos que iban a pasar las tardes allí, jugando a interminables partidas de cartas y dominó; los golpes de las fichas al impactar contra las mesas de contrachapado eran la banda sonora del local, junto con las voces que daban los jugadores, que retumbaban en el salón constantemente.

Desde que se instaló, su vida era tan repetitiva como la salida y puesta del sol. Se levantaba sobre las 9, no tenía despertador, se lavaba la cara con el agua helada que salía del grifo, se vestía y salía a desayunar a la terracita de la casa, hiciera frío o calor, necesitaba contactar con la naturaleza y ese momento del día era el mejor para Samuel; después de tomar su café solo y su tostada de pan con aceite y sal, salía camino abajo a dar un paseo por el frondoso bosque de pinos; cuando llegaba a una zona con curvas sinuosas de gran desnivel, regresaba a casa y se sentaba absorto frente a la televisión durante horas (lo primero que hizo cuando llegó allí a vivir fue instalar una antena parabólica y comprar una gran televisión de cuarenta y dos pulgadas de tecnología led). Después de comer, tocaba acostarse en el sofá a dormir la siesta, una hora o dos, hasta que algún ruido lo despertaba, lo hacía con dolor de cabeza casi siempre, sus cefaleas eran crónicas, y al anochecer eran casi insoportables; a veces metía la cabeza debajo del grifo y le calmaba un poco, se retiraba a dormir, muchos días había suerte y soñaba que estaba viviendo otra vida distinta, una vida en la que era feliz al lado de su esposa Anne; por eso no le importaba pasar casi todo el día durmiendo, porque cuando soñaba, parecía que toda la negatividad que concentraba dentro de su mente no poseía tanto poder.

Aunque al despertar tuviera que darse de bruces con su realidad, para él…, aun así…, merecía la pena soñar.

Cuando hacía *zapping* y encontraba alguna película a la mitad, la seguía hasta que salía alguna pareja feliz; en ese momento, la cambiaba rápidamente apretando el mando a distancia con ímpetu repetidas veces, no soportaba nada que fuera romántico, en su mente no había lugar para el romanticismo ni para nada parecido, hacía mucho que ya no creía en el amor, y eso posibilitaba que fuera un ser completamente vacío, porque siempre había creído en el amor para toda la vida, desde crío pensaba que si estábamos en este mundo, era por el amor, que Dios nos había creado para que nos amáramos, y que si no tuviéramos esa capacidad de amar, no nos hubiera creado, hubiera puesto en este injusto planeta a otros seres, pero no a los seres humanos; por eso luchó por enamorarse, aguantó todos los fracasos amorosos que la vida le puso en su camino, no le importaba sufrir porque pensaba que el amor llegaría a su vida, el amor tal cual lo había definido en su mente, el que dura para siempre.

Cuando pasó lo que pasó, un 5 de febrero de hace aproximadamente un año, toda su estructura de ideas y de valores se derrumbó, como cuando dinamitan un edificio y en segundos cae al suelo lo que se ha tardado años en construir.

En el interior de Samuel, quedaban todos los escombros, tal cual cayeron el día del derribo, y con eso iba viviendo, por no decir sobreviviendo.

Le costaba muchísimo salir de su cabaña para ir al pueblo, porque el contacto con la gente lo estresaba, solo lo hacía cuando no quedaba más remedio, cogía su coche, lo arrancaba a duras penas, porque la batería le fallaba un poco y el motor estaba helado, recorría los catorce kilómetros de tortuoso camino hasta llegar a Jara, sin poner música —antes le encantaban los boleros, desde siempre le habían gustado, pero ni en su coche ni en su vida sonaba ya ninguno—. Llegaba al pueblo y se dirigía a la tienda directamente; al entrar tenía cuidado con el gran escalón para no tropezar, y esperaba su turno, sin preguntar quién era el último, aguantando las incisivas miradas de las mujeres del pueblo que solían estar comprando; cuando le tocaba, comenzaba a pedir los víveres que necesitaba; Flora sutilmente intentaba sonsacarle información a la vez que le iba preparando su compra.

Muchas tardes, reunidas frente a un café, alrededor de su mesa camilla, Flora y sus amigas habían divagado sobre quién podría ser y por qué había venido a vivir hasta esa recóndita zona montañosa. Si alguna lo había visto por el pueblo o había podido hablar con él, exponía la poca información que tenía; al principio, pensaron que no tenía familia alguna y que quizás padeciera alguna enfermedad terminal, por lo que hubiera decidido irse allí para terminar sus días tranquilamente, pero como no lo veían en la consulta semanal del médico y su aspecto no empeoraba con el paso de los meses, abandonaron esa idea; hasta surgió la idea, por parte de Rosa, la mayor y más miedosa del grupo, que podría ser un prófugo de la justicia que se escondía en aquellas montañas y por eso apenas se dejaba ver… Ante tal barbaridad, todas rieron de forma espontánea, menos Rosa…, pero siempre concluían la tarde con la misma incógnita sobre su misterioso y reservado vecino.

CAPÍTULO 1. EL ABANDONO

—Buenos días, Flora, deme tres tomates de esos —
indicó Samuel señalando una caja.

—¡Buenos días, Samuel! ¿Cómo está usted ahí arriba
tan solo? —preguntó Flora mientras trataba de despegar una
bolsa del montón, chupándose y frotando una y otra vez los
dedos para lograrlo. Samuel no pronunció palabra. Hizo como
si mirara los estantes de derecha a izquierda—. Pues me acabo
de acordar que mi prima la Otilia se ha hecho una casa nueva
y alquila la suya; podría usted bajarse aquí al pueblo a vivir,
estaría mejor y más acompañado, tendría todo más cerca: la
consulta del médico… ¡¡Hasta el cuartel de la Guardia Civil!!
Por si le ocurriera algo… digo… —Mientras decía esto, Flora
seguía luchando a tientas para despegar la dichosa bolsa, sin
dejar de mirarle a los ojos, intentando observar algún cambio
en su rostro que le obsequiara con alguna pista, lo que no
ocurrió, porque Samuel continuó impasible—. ¿O es que
quiere usted estar solo por algún motivo? ¿Quiere que la llame
y que venga ahora mismo aquí? Le podría enseñar la casa en
un periquete, es muy grande y hermosa, eh…

Mientras tanto, Samuel meditaba:

«Tiene mucho interés en mi vida esta; ya podría
interesarse más por su negocio, que esto es un cuchitril sucio y
con todo revuelto, y del tedioso olor que se respira en este
chamizo ni hablemos, que estoy casi aguantando la
respiración para poder salir de aquí lo antes posible de una
pieza. En vez de aguantarla, debería ir a otro pueblo a
comprar todo lo necesario para un mes o dos; evitaría sus
interrogatorios, pero no me apetece nada salir tan lejos de
aquí», pensaba Samuel.

—¡Samuel! ¿Entonces qué? ¿La llamo? —preguntó Flora mientras le mostraba su teléfono móvil, alzándolo con la mano derecha.

—Póngame para terminar cuatro kilos de patatas y diez botes de tomate frito de esos de ahí —dijo señalando con el dedo la estantería que tenía detrás Flora—; ah… y me pone dos docenas de huevos, y ya está. Dígame qué le debo.

Flora quedó estupefacta; no hacía falta tener un máster para darse cuenta de la situación, y aunque le molestó su arrogancia, le sirvió lo que había pedido, lo metió todo en varias bolsas de plástico con prisa y dejó el *ticket* sobre el mugroso mostrador, dando un sonoro y rabioso golpe.

—¡¡¡Son sesenta y tres con cincuenta!!! —espetó Flora con una frialdad atípica en ella.

Samuel pagó la cuenta y cogió todas las bolsas con las dos manos. Llevaba mucho peso y notó como se le clavaban las asas de las bolsas en las manos, pero con tal de no tener que volver a entrar a la tienda a por el resto, cogió todas y salió hacia la calle como pudo, metió las bolsas en el coche y se dirigió a casa sin detenerse.

Aquella noche, Samuel no durmió nada porque le dio un repentino dolor de estómago, había estado toda la noche vomitando y tenía unas décimas de fiebre; repasó mentalmente lo que había comido y cenado, pensando que Flora quizás le había vendido algo en malas condiciones, pero no recordó que comiera nada con ningún sabor fuera de lo normal.

Se reprimió hasta las 9 de la mañana en casa y en aquel momento salió para ir al pueblo. Fue hasta la farmacia para comprar alguna medicación que aliviara su calvario. Al entrar, su cara blanquecina y su aspecto desgreñado no pasaron inadvertidos al mancebo que le iba a atender.

—Buenos días, señor —afirmó el joven farmacéutico.

—Buenas —respondió Samuel cabizbajo—. Mire, he pasado toda la noche vomitando y tengo fiebre, dígame qué puedo tomar.

—Pero… usted debería ir al médico que lo vea y le recete lo que realmente necesite; además, ahora mismo está pasando consulta. La fiebre puede darle por distintas causas, y mejor que lo vean antes de tomarse nada. ¿Es usted de aquí?

—Sí, vivo en la montaña.

—Bueno, pues diríjase al centro médico y que lo vean; es lo mejor.

Samuel, aun no estando contento con la idea, decidió hacer caso al chico y salió de la farmacia, aguantando los dolores y retortijones.

Solicitó que lo viera un médico y tras una corta espera sentado frente a la puerta de la consulta, una voz algo grave pronunció su nombre. Entró a aquella habitación con la mano derecha apoyada en el abdomen y un tanto alicaído. En cuanto levantó la mirada, pudo ver al doctor Montesinos, era un apuesto chico de unos treinta y pico años (Samuel nunca fue bueno para calcular la edad de alguien a ojo), con pelo corto, castaño claro, peinado clásico a un lado y un rostro jovial, pero algo seco, que junto a su bata blanca impoluta y el fonendoscopio colgado del cuello le imprimían una imagen formal.

El doctor Montesinos escuchó los síntomas que Samuel le expuso, le hizo una exploración física somera, le tomó la tensión y la temperatura y le comentó que seguramente era algo sin importancia, le prescribió un par de medicamentos y le aconsejó que si la fiebre continuaba, volviera por allí o por urgencias del pueblo vecino, que estaban 24 horas al día, lo que no le hizo mucha gracia a Samuel, porque salir de su cabaña le costaba horrores y solo imaginarse de forma hipotética en un lugar abarrotado de gente, era algo asfixiante para él.

Una vez le había entregado sus recetas, continuó hablando con él, Samuel le comentó que vivía en la montaña. Veía algo raro en ese personaje que le llamaba la atención; aunque trabajaba en varios centros de salud de distintos pueblos cercanos, el doctor Roque Montesinos había vivido desde siempre en Jara, y ya había oído hablar de un taciturno señor que vivía solo en la montaña, y que causaba gran aversión entre los pocos que lo habían conocido.

—Entonces, ¿lleva usted aquí un año?

—Sí.

—Bueno, pues aquí se vive muy bien, aunque la tranquilidad, por estos lares, a veces desquicia un poco a quienes no están acostumbrados. ¿De dónde es usted?

—Yo vivía en Madrid

—Bueno, pues habrá notado mucha diferencia, ¿no?

—¡Y tanto! —asintió Samuel, acordándose de lo felices que fueron los años que compartió con Anne en Madrid.

—Quitando esta pequeña patología por la que está pasando hoy, su estado de salud es envidiable —aseguró el doctor sonriendo—. ¡Ya quisiera yo estar como usted cuando cumpla los sesenta y seis añitos! —En esta ocasión, logró obtener una pequeña mueca que no llegaba a sonrisa de Samuel.

—Gracias, doctor. —Le devolvió la sonrisa.

Roque, que, aunque era joven ya tenía amplia experiencia en el trato con los pacientes, tenía la intuición de que Samuel escondía algún problema psicológico, aunque no sabía si sería algo preocupante o pasajero; ya había tratado a otros pacientes de su edad con depresiones y cuadros de estrés o ansiedad y sabía que cuanto antes se diagnosticaran y fueran tratados, mucho mejor, por lo que decidió dedicarle unos minutos más, aunque sus vecinos y pacientes tuvieran que esperar un poco más para ser atendidos.

Podría haberle dado las recetas y despacharlo sin más; en teoría, su trabajo con este paciente ya había concluido, pero no era de ese tipo de personas, era una bella persona y un médico vocacional, sentía que tenía que ayudarlo, por lo que continuó:

—¿Y de estado de ánimo? ¿Cómo se encuentra usted? Y no digo hoy, que está enfermo y sin dormir, sino en general. Lo digo porque algunas personas tras jubilarse atraviesan por pequeños episodios de estrés, sobre todo si han sido muy activos laboralmente hablando. —Roque intentó indagar de una forma sutil.

—Estoy bien…, voy tirando; a veces noto como si no pudiera respirar y los dolores de cabeza no me dejan en paz ni una sola noche, pero se me pasa. Hace cosa de un año pasé una mala racha, por motivos personales. Caí en una depresión, o eso dijeron, pero ya es agua pasada; yo sinceramente nunca me vi depresivo, me hacía gracia que me dijeran eso, cuando yo siempre he sido una persona risueña y activa, y lo sigo siendo.

Samuel no estaba dispuesto a mostrarse tal cual, se avergonzaba de su estado, que le impedía sociabilizar y lo angustiaba en todo momento.

Roque intentó tranquilizarlo; no quería hurgar en la herida tan pronto.

—Bueno, casi todos pasamos por alguna depresión, en mayor o menor medida, a lo largo de nuestra vida; eso viene a ser como cuando las tortugas se esconden en su caparazón ante una amenaza externa o un golpe, por ejemplo, pero con el tiempo, cuando todo vuelve a la normalidad, vuelven a salir y siguen con su vida. O como un luto, en este pueblo lo del luto aún se hace a la antigua usanza, quien queda viudo o viuda se pone solo ropa de color negro, y quedan en casa durante meses, luego poco a poco vuelven a salir al mundo, y al cabo de un tiempo ya visten con colores y vuelven a sociabilizar como antes. El luto en parte es necesario, y no me refiero a vestirse de negro, sino al paréntesis para asimilar los cambios bruscos en la vida. ¿Fue usted a la Seguridad Social o lo vieron por lo privado?

No tenía deseos de contestarle, pero aquel hombre le iba a curar su malestar actual y le inspiró confianza, por lo que le respondió:

—Fui a un psiquiatra o psicólogo, no sé, tan solo un par de veces, uno privado, me recetó algo, pero miré en Internet y me di cuenta de que tenía mil efectos secundarios, y al final no lo tomé y dejé de ir. Me quedé aquí para estar tranquilo y estoy mejor que entonces. —Mintió Samuel, porque nunca quiso dar lástima a nadie—. He pasado por momentos felices y menos felices, como todo el mundo, pero mi médico de toda la vida insistió en que probara, y por no hacerle el feo, fui a verlo, pero ya le digo… no me sirvió para nada, pasé aquello yo solo, sin necesidad de esas detestables pastillas. —Volvió a mentir.

—¿Me puede dar los documentos que le dieron o decirme qué doctor lo vio? —Roque pensó que sería psiquiatra, porque los psicólogos no recetan medicamentos, pero no le comentó nada.

—No guardé ningún papel de los que me dio, pero el nombre sí que me acuerdo, era el doctor Braulio García; estaba por la zona de Moncloa, en Madrid.

—De acuerdo, pues si usted se siente más animado, mejor tómese lo que le he recetado. Ah y ¡no mire por Internet sobre medicamentos ni enfermedades! Internet ha hecho mucho daño, y estamos hablando de la salud, que es lo más importante. Cuando salga, deje su tarjeta sanitaria y actualice sus datos en recepción para que lo fichemos, ¿eh? Y… ¡que se mejore! —dijo sonriendo en un tono amistoso. Y… si no le importa, me gustaría solicitarle al doctor García los informes que tenga sobre usted; fírmeme aquí, por favor.

Samuel le firmó una autorización.

—Yo se lo firmo, pero ese señor no creo que tenga nada de mí.

—Es para añadirlo a su historial de aquí, un tema burocrático más que otra cosa. Lo dicho, que se mejore.

—Gracias. —Le había caído bien, era un médico que transmitía cercanía, y aunque no lo conocía, le daba la impresión de que era un buen médico y lo que era más importante: una buena persona.

Samuel fue a la farmacia de nuevo, compró lo que le había recetado el doctor y volvió derecho a casa; su agotamiento y flacidez eran tales que apenas tenía fuerza para volver al coche y conducir. El trayecto de vuelta que ya se conocía de memoria fue tan corto como agotador, los ojos se le cerraban, y la cabeza le dolía como nunca; al llegar a la cabaña, se tomó la medicación, sacó una botella de agua y le fue dando pequeños tragos. Después, dejó todo en la mesa de la cocina y se fue directo a la cama tras coger el termómetro que había dejado en el salón.

Llegó la noche y el doctor Montesinos se encontraba en su casa. Después de cenar con su mujer y su bebé de unos meses, lo bañó y lo acostó, serían las diez de la noche y estaba extasiado de todo el ajetreo del día. Tras ver una película con su mujer, se dispusieron a ir a dormir, estaba reventado, los ojos se le cerraban solos, se acostaron y apagó la luz de la habitación. En cuanto cerró los ojos, recordó a su nuevo paciente, y que había pensado que sería buena idea hablar con el psiquiatra que lo había tratado hace un año, pero no había apuntado el nombre. Estuvo haciendo memoria un rato hasta que le vino a la mente de forma casi milagrosa.

—¡Doctor Braulio García!

—¡¡¡Roque!!! —vociferó su mujer en la oscuridad del dormitorio, dando un tremendo bote en la cama—. ¡¿Qué dices?! ¡Qué susto me has dado!

—Perdona, cariño, me ha salido sin querer, estaba intentando acordarme de un nombre y me ha venido de repente.

—Duérmete y reza por que no hayas despertado al niño —susurró su mujer en la oscuridad—, porque te veo durmiéndolo de nuevo, y ya sabes lo que cuesta que se duerma.

—Creo que no se ha despertado; perdona, ya me callo… Puedes dormirte de nuevo, no chillaré más por hoy.

Ella se giró hacia él, ambos se miraron y lentamente comenzaron a alargar sus labios por los lados formando sendas sonrisas. Roque dirigió su brazo derecho hacia el hombro de su mujer y ambos se besaron, derramando el amor que se tenían, como cuando eran novios y debían despedirse. Tras el interminable beso, ella le dio las buenas noches de nuevo, se dio la vuelta en la cama y cerró los ojos.

Roque sacó un bolígrafo del cajón y apuntó el nombre del doctor como pudo, porque no quería encender la luz ni hacer ruido; al día siguiente lo llamaría.

Amaneció un nuevo día, tan reluciente como álgido, Samuel hizo caso al doctor y se tomó la medicación sin dilación, se encontraba algo mejor, había podido dormir un poco y la fiebre había desaparecido; aun así, decidió desayunar algo suave y volver a la cama de inmediato, hasta mediodía, para recuperarse del todo. Estando acostado recordó cuando caía malo de niño, cómo estaba su madre pendiente en todo momento, y cómo le traía un caldito caliente a la cama; ahora estaba solo, sus padres murieron hace mucho tiempo y no tenía a nadie que se preocupara de él ni lo más mínimo. Aunque tenía casi setenta años, aún echaba de menos los cuidados de su madre, sobre todo ahora que la tristeza le calaba dentro y echaba raíces por todo su cuerpo. No lo podía evitar. Tumbado en la cama, aguantaba las embestidas de dolor que causaban sus emociones, que eran más profundas y desgarradoras que las del dolor físico, no veía salida a su estado melancólico; pensó que en unos pocos años quizás no pudiera valerse por sí mismo, que iba a sufrir muchísimo cuando lo tuviera que cuidar un desconocido, la idea de acabar en un *parking* de ancianos, como él llamaba a las residencias, lo martirizaba.

«Si estuviera Anne conmigo, me estaría colmando de caricias y besos, esos besos que me hacían sentir el ser más importante del universo y que alejaban de mí todo atisbo de sufrimiento», reflexionaba mientras inexorablemente seguía cayendo poco a poco en ese pozo sin fondo al que el destino lo había arrojado.

Roque ya iba de camino para la consulta médica de Cazalón, un pueblo cercano donde le tocaba pasar consulta. Antes de salir, había obtenido el email del doctor García a través de la web de su consulta, al que había mandado escaneada la autorización de Samuel, a la vez que había apuntado en el mismo trocito de papel donde anoche apuntó su nombre, el teléfono de la consulta. Al subir al coche lo marcó y usó el manos libres; mientras el coche recorría los primeros metros, comenzó a sonar la llamada. Al tercer tono descolgaron y una voz de mujer indicó que estaba llamando a la consulta del doctor Braulio García.

—Buenos días, soy el doctor Montesinos, me gustaría hablar con el doctor García si se encuentra ahora disponible, por favor.

—Espere un momento, señor.

—Ya le paso a consulta.

—¿Dígame?

—Buenos días, soy el doctor Montesinos, de atención primaria de Jara, perdone que le moleste.

—No hay problema, no se preocupe, no tengo a nadie citado hasta dentro de media hora; dígame, por cierto… ¿Jara?

—Es un pueblo muy pequeño. Mi llamada es con relación a un paciente de nuestro centro de salud, le acabo de mandar un email hace unos minutos.

—Espere un segundo, voy a comprobarlo.

Un par de minutos fue suficiente para que el doctor García viera la autorización y el nombre del paciente.

—Espere un segundo que acceda a su informe, doctor, no me suena mucho este hombre. Umm… ¡correcto! Aquí está, deme un instante que lo lea.

—Por supuesto, no le molestaría si no tuviera un presentimiento con este paciente, y no es muy bueno; por lo poco que pude hablar con él, usted no concluyó el tratamiento; además, tras dos sesiones, dejó de tomar la medicación sin informarle, según me comentó.

—Efectivamente, aquí lo veo. Tiene una anotación mía indicando que el paciente no viene de psicología, sino que su médico de medicina general me pidió el favor de que lo observara porque eran amigos y no quería ir a ningún psicólogo al parecer… Umm… Solo tiene dos sesiones de hace aproximadamente un año; en resumen, parece que sufría un trastorno típico de ansiedad, aquí tengo apuntado que cuando vino estaba recién jubilado, y que no quería hablar de su vida sentimental, estaba intentando que se abriera un poco en posteriores sesiones, pero ahí quedó la cosa; lo que le receté fue un placebo, unas vitaminas, vamos, para ver cómo reaccionaba, no sé por qué no lo tomaría…

—Dice que por los efectos secundarios que tenía, que lo miró por Internet.

—¡Madre mía! —exclamó el doctor García, mientras giraba la cabeza de lado a lado.

—Ya lo sé, ¿qué me va a contar a mí? A saber qué es lo que miró por Internet… ya le dije que en estos temas dejara Internet de lado.

—Bien. Bueno, le voy a pasar el historial; si está de acuerdo, al mismo email que usted ha usado, ¿correcto? Cualquier consulta que tenga sobre el mismo, hágamelo saber, aunque en dos sesiones, no pude ni comenzar a estudiar al paciente.

—De acuerdo, muchas gracias, doctor. Un saludo.

—Un saludo.

A la noche, sacó un rato y ojeó el corto historial que le había mandado, tan solo unos pocos datos y observaciones, como que se había jubilado hacía poco, y que vivía solo, aunque llevaba un anillo de casado en su dedo anular de la mano derecha. Ese tema era uno a tratar en posteriores sesiones, ya que no obtuvo respuesta a ninguna pregunta sobre su vida sentimental. Los síntomas que detectó fueron la ansiedad, con manifestaciones somáticas concretas como el ahogo, en contadas ocasiones opresión precordial, malestar general y cansancio generalizado. Citando para concluir que, tras la ausencia a posteriores citas, se archivaba el expediente, tras llamar al paciente por teléfono en un par de ocasiones sin obtener respuesta.

Según iba leyendo, Roque veía cómo sus presentimientos se hacían realidad. Ese señor necesitaba ayuda, el año que había estado sin tratamiento psicológico no había hecho más que empeorar sus claros síntomas depresivos.

Pensó durante un momento la forma en que podría ayudarle, él no era psicólogo, y teniendo en cuenta la predisposición de Samuel, no era factible prescribirle a otro psicólogo.

«Está claro, este hombre no va a volver a una consulta de psicología, y si se lo sugiero, lo perderé».

En ese momento, se acordó de que hacía escasamente un mes había tratado por un catarro común en su consulta de Jara a un chico alto, de unos cuarenta, moreno de piel y con el pelo oscuro; su rostro le vino a la mente como un fugaz destello, su sonrisa era inconfundible al igual que sus facciones marcadas y sus grandes ojos negros. «No sé cómo surgió la conversación, pero estoy casi seguro de que me dijo que era psicólogo en paro y que estaba aquí viviendo en casa de un familiar o algo así. Mañana me entero de dónde vive y le doy un toque a ver si lo convenzo para que ayude a este pobre hombre».

Bajo las tempranas luces del amanecer de una mañana luminosa, transparente y fresca, Samuel, ya recuperado, salió a dar su rutinario paseo matinal. En ese instante, el doctor Montesinos estaba saliendo de casa para dirigirse a su consulta, esa mañana le tocaba pasar consulta en Jara. De camino, paró en la tienda a preguntarle a Flora por el chico que pasó por su consulta, no había mejor lugar a donde acudir en el pueblo para enterarse de algo que a la tienda de Flora; si algo acontecido en el pueblo no había llegado a su perspicaz oído (que era difícil), en unos minutos se informaría, porque tenía un grupo de amigas cuya única diversión era la de empaparse de cualquier novedad acaecida por insignificante que fuera, para contarla luciéndose y pavoneándose en las meriendas que hacían de vez en cuando.

—Buenos días.

—Buenos días, don Roque. ¿Qué tal está su mujer? Esta semana no la he visto, ¿cómo se encuentra? —Había llegado a sus oídos que fue a la farmacia hace un par de días y llevaba mala cara; su camarilla tertuliana ya había arrojado ideas al respecto. Rosa, que estaba en ese momento en la farmacia, tuvo la inclinada impresión que tenía angustia y mareo, síntomas de una buena nueva, lo hablaron y ahí quedó la cosa a la espera de algún desenlace que resolviera sus dudas.

—Pues se encuentra muy bien; gracias, Flora. Y tú, ¿cómo estás?

—¿Yooo? ¡Divinamente! Gracias a Dios —exclamó mientras tocaba el mostrador de madera y regalaba a Roque una de sus mayores sonrisas—. Aunque luego me tengo que pasar por su consulta, para que me recete las pastillas de mi madre y me revise esta rodilla…, ¡¡que me tiene frita!!

—Muy bien, Flora. Oye, el otro día, atendí a un chico de unos cuarenta años que ha venido a vivir con algún familiar aquí; no recuerdo bien su nombre, creo que me dijo que era psicólogo.

—¿Pero? ¿Cómo es?

—Moreno de piel; como le digo, de unos cuarenta años, alto, pelo moreno.

—Ah sí, no siga, ya sé quién dice, ese seguro que es Héctor, el hijo de Lourdes; sííí, ese estudió carrera, no sé si esa que dice u otra, pero sí, sí… un muchacho muy bien *plantao*, muy hermoso, llegó al pueblo hace poco; el otro día vino a la tienda a comprar y me preguntó si tenía pasta fresca, no lo entendía, no sabía si me quería robar o gastarme una broma, porque no lo reconocí, claro… desde niño apenas había venido por aquí, aunque en verano parece ser que venía a pasar algún fin de semana que otro con su madre. La pobre Lourdes ahora ha enviudado, como sabe usted, y mire qué panorama; menos mal que tiene a su hijo con ella. Total, y resumiendo, que lo de la pasta fresca son macarrones así como tiernos, o algo así… porque me lo explicó el muchacho un poco, que yo… ¡¡Eso no lo he visto nunca!! Al final, le vendí los macarrones de toda la vida, je, je… Qué cosas.

—Flora, me tengo que ir a trabajar; gracias por todo, ya me pasaré luego a comprar en cuanto pueda.

—De nada, ah… ¡Dele recuerdos a su mujer!

—De tu parte, Flora, gracias.

Roque fue a la consulta, porque llegaba tarde. Ya sabía dónde tenía que ir para hablar con ese tal Héctor; en cuanto saliera de trabajar, iría a verlo, antes de regresar a casa.

Terminó su jornada, serían las tres de la tarde cuando salió del centro médico, subió al coche y, al arrancar el motor, recordó que tenía que pasar por casa de Lourdes y fue lo que hizo.

Tocó a la puerta y salió a abrir Héctor; rápidamente, ambos se reconocieron.

—Buenos días, soy Roque, el médico del pueblo.

—Buenas; sí, lo recuerdo de cuando fui a su consulta —asintió ofreciéndole un gesto amable.

—Bueno, he venido porque me gustaría hablar contigo un momento, si puede ser.

—¡Claro que sí! Pase pase…

Héctor empezó a ponerse nervioso, no sabía qué había venido a decirle, se le pasó por la cabeza fugazmente que quizás fuera algún problema grave de salud de su madre, lo que hizo que ansiara más aún escucharlo; antes de llegar al salón, que estaba al fondo de un pasillo de entrada que tenía la casa, Héctor le sugirió:

—Pues usted dirá.

En ese momento, atravesaron el umbral de la puerta del salón.

—Ah…, siéntese, por favor.

—Gracias. —Ambos tomaron asiento en sendos sillones de orejeras que rodeaban una típica mesa camilla que lucía unos morados faldones de lana—. ¿Usted es psicólogo, no?

—Sí.

—Muy bien, pues solo he venido aquí para hablar con usted de un nuevo paciente que tengo. Pienso que su estado requiere las atenciones de un experto, pero él rehúsa toda ayuda psicológica; por eso me acordé de usted, y bueno… —Roque comenzó a lanzarle una cómplice sonrisa—, pues pensé que quizás usted podría ayudarle de alguna forma; a ver qué se nos ocurre.

Héctor respiró tranquilo después de tener la certeza de que no le pasaba nada a su madre.

—¡Pues claro! Yo trabajé en un gabinete de psicología de Barcelona; ahora estoy en paro y buscando trabajo, pero no me importaría dedicarle el tiempo que requiera ese paciente. Me vendrá bien hablar con alguien, porque aquí apenas salgo de casa, y mi madre, que ha enviudado hace poco, ya está algo mejor, por lo que me puedo poner a ello inmediatamente.

—¡Pues genial! Me alegro de que quiera ayudarle; es un señor de sesenta y seis años, vive solo en la montaña desde hace cosa de un año.

Roque le puso al día de todo lo que sabía de Samuel, y de sus intuiciones, que, después de hablar con el doctor García, ya eran algo más concretas. Héctor, mientras, sacó una libreta de anillas de tamaño folio y apuntó todo lo que necesitaba.

—Perfecto, ¿y cómo comienzo a tratarlo? ¿Tiene alguna idea?

—Pues no había pensado en ello aún.

—Yo soy muy manitas, puedo pasarse por su casa de la montaña para ofrecerle mis servicios de mantenimiento por ejemplo…

—¡Buena idea!

—Eso haré… Solo le pido otro favor más… —Héctor arrojó una carcajada y prosiguió diciendo—: Si quiere quedarse a comer, mi madre está terminando de cocinar un guiso de costillas con almendra molida que resucita a un muerto…, ja, ja. Porque la cocina está en una antigua cuadra en el patio trasero de la casa, que si no ya estábamos oliéndolo…

—Noo…, ja, ja, no es eso… gracias, pero me espera mi mujer en casa y si tardo más…, cuando llegue, me toca soportar su fruncido gesto durante todo el día… Solo me gustaría que me mantuviera informado.

—Por supuesto.

Intercambiaron los números de teléfono, se dieron la mano en la puerta de la casa para despedirse y Roque salió rápidamente.

—¡Recuerdos para su madre! Dígale que venía con mucha prisa y no he podido pasar a la cocina a saludarla —dijo Roque desde su coche antes de partir.

Héctor asintió con la cabeza sonrientemente, mientras le hacía un gesto de despedida con su mano derecha.

Siguió el coche con su mirada hasta que torció la primera esquina; en ese momento, se percató del problema en el que se acababa de meter y pensó: «Ese hombre rechazó los servicios de otro compañero; además, lleva un año sin ningún tratamiento… ¿Y yo me he comprometido a ayudarlo? ¡Madre mía! Creo que nunca me he visto en un caso igual; hasta ahora mis pacientes venían a consulta voluntariamente, porque eran conscientes de que había algo que querían cambiar en sus vidas; a ver por dónde le entro a este hombre, creo que lo mejor será probar y ver qué pasa».

Pasó la tarde ojeando algunos libros que tenía de psicología, apuntando ideas y preparándose para la ardua tarea en la que se había embutido casi sin pensarlo.

CAPÍTULO 2: UN ÁNGEL EN PARO

Un nuevo y flamante día amaneció en Jara, tan fresco y húmedo como de costumbre en esa época del año. Héctor se vistió y comentó a su madre que iba a dar una vuelta, no era conveniente que se enterara de nada aún, porque no sabía si este nuevo proyecto en el que se había embaucado llegaría a buen puerto; quizás ese mismo día, tras intentarlo, tendría que volver con las orejas gachas. Salió del pueblo en su vehículo por el camino que subía a las montañas, el bosque lucía esplendoroso, radiante, el cielo azul claro y limpio hacía aún más bonito el conjunto, lo único que no le gustó tanto fue el casi impracticable camino que había hasta la casa de Samuel, lleno de baches y curvas, al que se le añadía una gran pendiente y unos acantilados que en algunas zonas podrían provocar un desmayo a quien fuera propenso a padecer vértigo; más adelante, parecía que había una zona más llana a la que accedió en unos instantes.

Por fin llegó a una casita de madera, tendría que ser esa; la verdad es que el enclave en el que se encontraba era privilegiado, con unas vistas espectaculares del bosque por abajo y las montañas de fondo; el verdor de la naturaleza viva y el resplandor de la fría pero preciosa mañana hacían que cualquiera que estuviera allí se sintiera extasiado y unido con el hábitat y hasta con la vida en general.

Aparcó su coche en la puerta de entrada, al lado del de Samuel, y se dirigió hacia el recinto vallado; antes de entrar en la casa, ya se percató que allí hacía falta arreglar muchas cosas.

Desde la puerta exterior vociferó:

—¡¡Buenos días!! ¿¡Hay alguien!?

Como no obtuvo respuesta alguna, se dispuso a pasar la puerta de madera que daba entrada a la parcela y llegar hasta la casa para tocarle al timbre, por si no lo había oído.

La enmohecida valla estaba rota y el tejado de madera también se veía con falta de un repaso; las inclemencias del tiempo y los años habían hecho mella en él. Ya solo con el tejado tenía excusa para pedirle trabajo, meditaba mientras recorría los escasos veinte metros que había desde la puerta exterior a la de la casa.

Ya ubicado frente a la puerta de entrada, buscó un timbre y no lo encontró, por lo que no tuvo más remedio que aporrearla en espera de respuesta.

Tras golpearla en dos ocasiones, se oyó una ronca y áspera voz:

—¿Quién es?

—¡Soy Héctor, señor! ¡Me manda el doctor Montesinos, de Jara!

En un periquete, se abrió la puerta frente a él. Un intenso olor a humanidad, que era como una mezcla de sudor, humedad y putrefactas tuberías, alcanzó sus papilas olfativas aceleradamente. Héctor aguantó como pudo el olor sin alterar su simpática mueca.

Frente a él, se encontraba Samuel; era tal y como se lo había descrito Roque, aunque no se esperaba que fuera tan sucio y abandonado. Claro está que él no había recorrido ese tórrido camino para juzgar a nadie ni para visitar a la persona más jubilosa del mundo.

—¿Quién es usted? Creía que había dicho que era el doctor Montesinos, y… ¡¡está claro que no lo es!!…

Agarró la puerta con la mano derecha con intención de cerrarla, mientras espetó:

—¿No vendrá a venderme nada? —preguntó Samuel con el ceño fruncido—. ¡¡Porque lo lleva claro!!

—No, no…, soy un amigo del doctor, vengo a hablar con usted un minuto, si puede ser.

—Pues, dígame —pronunció sin el más mínimo interés mientras seguía erguido en el quicio de la puerta, sujetándola aún por si tenía que darle un portazo.

—Bueno… yo no tengo trabajo y me dedico a hacer algunos arreglos por las casas. Me dijo el doctor que usted quizás podría darme algo de trabajo, y…, ciertamente, ya he visto algunas cositas que debería reparar urgentemente, por ejemplo el tejado; tiene unas tablas sueltas y desde aquí se ve también que le faltan varias baldosas protectoras, ahora venden unas con aislante incluido que se clavan en un momento y se queda genial.

—Umm… —Soltó la mano tras abrir por completo y preguntó—: ¿Quiere pasar?

—Por supuesto, señor —agradeció Héctor, mientras de forma disimulada tomaba todo el aire que podía antes de entrar en aquella vivienda que continuaba despidiendo su putrefacto olor.

Ambos se sentaron en sendos sillones frente a la chimenea. El interior de la casa era un reflejo del olor que provenía de ella, aunque la pestilente sensación olfativa inicial se suavizó en un par de minutos al acostumbrarse a ella; según llegaba al sillón, pasó frente a la pequeña cocina americana; en el fregadero no cabían más platos ni cubiertos, había latas vacías con restos de comida por todos lados. Héctor estaba prestando la máxima atención a todo, intentando captar toda la información que pudiera darle la casa sobre su inconsciente paciente. Se alegró al no ver ninguna botella de alcohol, eso era una buena noticia, aunque solo era una somera observación inicial. Recordó que el doctor Montesinos le había comentado algo sobre un anillo de casado y que Samuel ya había manifestado una clara repulsa a hablar de ese tema; efectivamente, un dorado y sobrio anillo lucía en su dedo anular, y estaba claro que allí vivía solo. Ese tema lo tendría que tocar cuando llegara el momento.

Samuel rompió el silencio y comenzó a dialogar:

—Antes de continuar, le tengo que decir una cosa: el doctor Montesinos, aunque no lo conozco más que de unos minutos en su consulta, me pareció una persona muy inteligente y coherente, no se parece en absoluto a la fauna que habita Jara, le aseguro que si bajo al pueblo alguna vez es por pura necesidad, aquí estoy muy bien, alejado de todos esos cotillas con mala sangre.

Héctor, que no tenía esa catastrófica impresión, decidió seguir actuando con empatía; pensó que no era el momento de llevarle la contraria y le respondió:

—Yo he vivido desde mis quince años fuera del pueblo, ahora es cuando he vuelto desde Barcelona a pasar una temporada con mi madre, pero opino como usted, yo apenas salgo por el pueblo, como dice… Voy a comprar y poco más.

A lo que replicó Samuel:

—Pues seguro que Flora ya sabe toda su vida y milagros. Habrá sido tema de tertulia en más de una ocasión, yo es que no puedo con todo eso, me supera.

—Eso seguro —exclamó Héctor, afirmando con la cabeza y sonriendo—. Yo pienso como usted, y no me interesa para nada la vida de los demás y mucho menos ponerme a opinar sobre nadie; conmigo no va a tener ningún problema si decide echarme una mano y darme algún trabajito.

—Bien, eso está bien, pues en tal caso… no me vendría mal repasar ese viejo tejado. Cuando llueve hay muchas goteras por esa zona que usted ha visto rota, y sin lugar a dudas… si sube verá otras zonas que repasar, porque tengo muchas humedades en los techos —prosiguió Samuel.

—¡Sin ningún problema, señor!

—Bueno y… ¿cuánto me puede costar la broma del tejado? —preguntó seriamente, con una mirada directa y juiciosa.

—Don Samuel, yo compraré lo que necesite y le traeré las facturas, y a mí luego me da lo que vea conveniente por mi trabajo; mejor no me puedo portar…

—Bueno, vamos a probar a ver qué tal lo deja, y si queda bien, lo mismo le pido luego que arregle alguna otra cosa, pero tenga cuidado a ver si va a romper más maderas de las que arregle —amenazó con cara de pocos amigos.

—Por supuesto, tendré todo el cuidado del mundo. Si tiene una escalera, me subiré para echarle un vistazo.

Samuel continuaba con cara de pocos amigos, y vigilante de lo que hacía Héctor en todo momento, aunque, sinceramente, la impresión inicial fue buena; casi se podría decir que le había caído bien Héctor, se le veía simpático… y trabajador, desde luego nada tenía que ver con los habitantes del Jara que había conocido; se notaba que había llegado de una gran ciudad, y además era muy educado.

Ya en el exterior, Héctor dijo:

—¿Me puede traer una escalera, por favor?

—Voy —contestó Samuel, mientras se dirigía lentamente a la parte trasera de la casa.

Héctor, por el rabillo del ojo, vio a Samuel aparecer con una escalera de madera, tan caduca como el resto de la casa. Cuando le se acercó y pudo advertir con más detalle su agrietado y lamentable estado, tragó saliva y se preguntó para él si aguantaría; luego miró hacia el tejado y calculó los efectos de una posible caída desde esa altura. Samuel se olió su miedo y le espetó:

—No te preocupes por la escalera; está vieja, como yo, pero aguantará sin ningún problema.

Héctor no le respondió, porque no las tenía todas consigo; colocó la escalera en el lugar idóneo y comenzó a subir por ella. Antes de cambiar de peldaño, lo testeaba, haciéndole un poco de fuerza con la mano derecha, mientras se sujetaba con la izquierda.

Samuel giraba la cabeza a ambos lados, comenzando a pensar que este muchacho no debía tener mucha experiencia, porque todo él era miedo, pero lo dejó tranquilo y se metió para dentro.

Samuel era consciente de que su vivienda necesitaba arreglos urgentes, pero hasta ahora ni se le había ocurrido reclamar los servicios de nadie de Jara porque no quería que luego se divulgara por el pueblo el estado de su casa y todo lo que ella contenía; estaba muy bien allí solo, inadvertido por el mundo exterior. Aunque la tristeza abundara en su alma, pensaba que en otro sitio aún podría estar mucho peor.

En todos sus años como comercial había desarrollado como un don; cuando conocía a alguien, sabía de qué pie cojeaba al instante, bastaba una conversación bien llevada sobre determinados temas para recopilar toda la información necesaria y poder hacer un dictamen inicial sobre la personalidad, gustos y forma de ser del ser humano que tenía delante. A la hora de vender, eso le era de gran ayuda. Su lema era: «Cuanto mejor se conoce al cliente potencial, más posibilidades hay de venta. Si no sabes qué necesidades tiene, no podrás ofrecerle lo que las cubra, y si no lo conoces bien, no podrás crearle una nueva necesidad».

Héctor tomó nota de las piezas que necesitaba y se dispuso a despedirse de Samuel:

—Bueno, don Samuel, ya tengo todo apuntado, le voy a dejar el tejado como nuevo, ¡ya verá!

Aunque era un poco pronto para intimar tanto con Samuel, decidió comenzar a bromear con él para ver cómo reaccionaba:

—He visto que no tiene timbre.

—No, ¿para qué quiero un timbre? —pronunció con un rostro circunspecto, propio de las personas que no dejan exteriorizar sus sentimientos ni permiten familiaridades con los demás.

—Nooo, lo digo… porque me ha venido a la mente lo que me dijo mi vecino del pueblo. Resulta que el hombre es viudo y tiene noventa años, vive solo, aunque sus hijas van por allí a atenderlo muy a menudo, total…, que le llegó una carta certificada reclamándole no sé qué del banco, y el hombre llamó al teléfono que venía en la carta; les dijo su documento nacional de identidad y sacaron el problema, y no se les ocurrió otra cosa que decirle que lo tenía que solucionar por Internet. ¿A que no sabe usted lo que les respondió? Pues ni corto ni perezoso les dijo toda la verdad… «¡¡¡Si no tengo ni timbre en mi casa!!! ¡¡Cómo voy a tener *internés* de ese!!». Acabó dirigiéndose al banco garrota en mano y vaya si se lo arreglaron… Je, je, je. ¡Es un caso… mi vecino! ¡A mí me cae genial!

Samuel alzó levemente sus labios; la anécdota le había hecho mucha gracia, pero su debilitado estado de ánimo no le permitía sonreír. Ciertamente, hacía mucho tiempo que no había tenido una conversación tan cómoda ni continuada con alguien.

Se le había pasado el tiempo muy deprisa, ya era mediodía. Héctor, que ya había apuntado lo que iba a necesitar, se despidió y bajó al pueblo. Samuel, tras comer algo, se reclinó en el sofá, como hacía siempre. Le costó, pero quedó intensamente dormido, y de nuevo soñó con su esposa, pero esta vez no era el típico sueño en el que revivía momentos felices junto a ella, sino que fue una pesadilla horrible: se encontraba tendido en la cama de una habitación de hospital, todo lleno de tubos y agonizando, Anne estaba allí, de pie, su rostro era neutro e indiferente, permanecía inalterable e inmóvil, apoyada en el quicio de la puerta, mirándolo de forma distante mientras él sufría en silencio, con una sensación de inmovilidad tal que ni siquiera podía abrir los ojos; en aquella habitación no había nadie más junto a él que lo pudiera socorrer, aunque todas las máquinas que tenía enchufadas a su cuerpo estaban pitando con distintos sonidos, alertando de lo que estaba pasando. La única espectadora de tan cruel escenario era Anne y no movía un dedo por socorrerle; tras unos segundos, expiró.

Despertó de forma súbita, sobresaltado, sudando por todos los poros de su piel, taquicárdico y angustiado, e intentó recordar la cara de Anne que había podido vislumbrar ligeramente en la pesadilla. En su memoria consciente no la tenía tan clara como cuando la vio en su estresante sueño, ya que todas sus fotos las había quemado en la chimenea en un arrebato de locura, poco después de que lo dejara. Le reconfortó poder recordar a la perfección su rostro, miró el salón de pared a pared, respiró hondo y volvió de nuevo al mundo real. Ese fue un momento de revelación para él, vio la mugre que cubría la mesa del salón, y la suciedad diseminada a lo largo de todas las paredes y suelos; ya sentado en el sofá y mientras recobraba el aliento, giró la cabeza y vio la cocina americana, se percató del pútrido e insalubre estado de la misma. Fue en ese momento cuando comenzó a verlo todo desde una óptica más real. Pensó: «Mañana, seguramente, venga Héctor, no quiero que vea todo así, como lo ha visto hoy. ¿En qué clase de ser me he convertido?».

Poco a poco, comenzó a retirar trastos y a limpiar por encima la cocina y el salón; seguidamente, le tocó al pasillo y al dormitorio, terminando en el cuarto de baño. Para cuando había concluido, eran las doce de la noche, el tiempo había vuelto a transcurrir tan deprisa como por la mañana en compañía de Héctor. En este día, ya habían ocurrido más cambios que en los últimos doce meses. Aunque su estado anímico seguía tocado y hundido.

Antes de irse a acostar, lavó la ropa que se pondría al día siguiente, y la tendió en una silla frente al fuego.

Al día siguiente, Samuel tomó una ducha y se puso la ropa aún calentita por el calor que desprendían las ascuas que quedaban en la chimenea. Como todos los días, tomó su café y se preparó una tostada con aceite y sal, salió a la puerta y observó el nuevo día; seguidamente, salió a dar el paseo que acostumbraba camino abajo hasta la zona de los barrancos. Al volver, miró para ver si había llegado ya Héctor, pero no estaba su coche por allí. Entró a la casa y se dispuso a ver la televisión.

Héctor estaba en ese momento en la tienda de Flora, mirando si tenía lo que necesitaba; en el pueblo no había tiendas de bricolaje, Casa Flora era su único recurso. Si allí no encontraba lo que necesitaba, tendría que conducir un buen trecho hasta otro pueblo.

—¡Buenos días, Héctor!

—¡Buenas!

—¿Ya habló contigo Roque? Que me preguntó por ti…

—Sí, gracias, ya está todo resuelto.

—Ah… —balbuceó Flora, quedándose con el ansioso deseo de conocer qué era lo que Roque quería decirle—. Hermoso… ¿Y tu madre?, ¿cómo está? ¿Se va animando ya o qué? —preguntó Flora, ávida de información.

—Sí, está bien, dentro de lo que cabe, claro.

Esa pregunta tenía mala solución, porque si decía que estaba muy bien, diría que no había guardado ni el luto tan acostumbrado en el pueblo, y si le decía que estaba mal, diría que estaba con una depresión gravísima; incluso podría llegar a inventarse que había intentado alguna locura. De Flora no te podías fiar; lo mejor era quedar bien y hablar lo mínimo.

Roque le pidió todo lo que tenía apuntado en su lista; la afable y tenaz Flora lo iba bajando de las estanterías tan rápido como su tocada rodilla le permitía, a la vez que lo iba embolsando.

—Y por último, no sé si lo tendrá, pero necesito unas piezas que se usan para recubrir los tejados de madera, llevan una capa aislante y el exterior así como de pizarra, ¿sabe lo que le digo?

—Pues no muy bien, aquí en el pueblo, como todos los tejados son de teja…, pero no te preocupes, hijo, que mañana viene el representante de esas cosas por aquí y le pediré que me las traiga.

—¿Es que tienes un tejado de madera en tu casa?

—Sí, un trozo pequeño.

—No sabía que fueras tan *apañao*, ¿y lo vas a arreglar tú solo?

—¡Claro, Flora! Je, je.

—Anda, qué majo. ¿Tienes ya novia o no?

—No, Flora. Bueno, me voy; mañana me paso a ver si le ha llegado eso, y ya me llevo todo.

—No te preocupes, que yo te dejo las bolsas con todo esto aquí guardadas y ya mañana te llevas todo junto. Dale recuerdos a tu madre, y dile que a ver si se anima y viene a verme, que hace mucho que no hablamos.

—¡Vale, Flora, gracias! Hasta mañana.

Al día siguiente, sobre las doce de la mañana, fue por la tienda. Daba la casualidad de que estaba allí la furgoneta del representante que le había dicho Flora, por lo que obtuvo con rapidez todas las piezas que necesitaba para reparar el tejado, pagó y salió hacia casa de Samuel con todo lo necesario, dejando avisada a su madre de que seguramente no volvería a comer.

Al llegar a la puerta de la casa, notó un olor distinto, no era el detestable olor de hace un par de días. Samuel salió a abrirle y le invitó a entrar. Lo encontró todo más limpio; aunque no estuviera muy pulcro, sí lo suficiente como para que Héctor se alegrara al ver que algo estaba cambiando.

Samuel le ofreció una cerveza, seguía tan poco hablador como antes, pero todo iba por buen camino. Tras refrescarse aceptando su invitación, salió y se dispuso a sacar las herramientas y las piezas que iba a usar.

Después de subir por la peligrosa escalera, por fin Héctor estaba de pie en el tejado, tiró de la cuerda que había subido atada a su cinturón y subió un canasto que había preparado para el trabajo. El aire agreste y casi glacial que corría por allí junto con las bajas temperaturas hicieron que se pusiera rápidamente a trabajar, con el afán de terminar lo antes posible y poder bajar de aquella trampa helada.

Mientras iba poniendo los remiendos, comenzó a pensar en Samuel, aún no sabía nada de él, pero la idea que le dio el doctor Montesinos de un posible abandono voluntario o involuntario de su pareja podría haber sido el detonante de su melancólico estado y de su lamentable estado psicológico, que tendría que valorar detenidamente.

Samuel meditaba: «El primer paso para un nuevo futuro, para admitir y emprender un nuevo camino en la vida, pasa de forma inexorable por **la aceptación**; ese debería ser el primer punto en el que debería enfocar mi inadvertido tratamiento. Todos podemos reponernos de una ruptura o una muerte de un ser querido, por muy aferrados que estemos a él o ella, es un arduo camino, pero si logro llevarlo de la mano, sugiriéndole cada paso en el orden correcto, a poco que se esfuerce al principio, si ve que va mejorando irá incrementando su esfuerzo por salir adelante y seguro que al final del camino lo lograré… ¡Así lo haré! Tengo la impresión de que este hombre va a ser uno de mis trabajos más exigentes pero reconfortantes».

Héctor estuvo cuatro días entretenido reparando el viejo tejado. Llegaba a mediodía y cuando empezaba a caer la noche, lo dejaba para el día siguiente. Aprovechaba cada momento de descanso para hablar con Samuel, pero sin hacerle ningún tipo de interrogatorio, solo intentó ser empático con él, y a Héctor eso se le daba muy bien, sabía qué debía decir en cada momento para que quien estuviera a su lado se sintiera cómodo y en un ambiente de confianza.

Samuel ya no era la persona desaliñada que conoció el primer día, por lo menos su aspecto físico y su casa la había podido mejorar él solito. Un día, Samuel le preguntó:

—Y tú… ¿a qué te dedicabas exactamente?

—Era psss… Era administrativo, pero con la crisis ya sabe usted, a la calle sin compasión ninguna… y mis jefes a seguir ganando un dineral cada mes sin hacer nada más que exprimir y vaciar las plantillas.

A lo que contestó Samuel:

—¡Qué asco de vida! Cada vez que veo la tele me pongo malo, entre la economía, la política, las guerras y todo eso…

—En la tele no solo ponen calamidades, pero si pones determinados programas o el telediario… eso es otra cosa… Pero, entonces, si se pone malo, ¿por qué ve esas cosas en la televisión?

Samuel asintió con la cabeza con una leve sonrisa sátira:

—¡¡Pues eso digo yo!! Pero aquí es lo único que me mantiene despierto.

Héctor continuó reparando la casa. Ahora estaba pintando la valla; a Samuel no le interesaba para nada tener una valla pintada, pero se había acostumbrado a su presencia, y cada vez que le hacía algún arreglo le pagaba lo que acordaban para que estuviera contento y pudiera seguir reclamando sus servicios. No pasaba ni un mes sin que lo llamara para pedirle que volviera por allí. Así evolucionó su amistad día a día, mes a mes.

—¿Ya te vas?

—Sí, don Samuel. Ya he terminado de pintarle la encimera de la cocina, mañana me traigo el barniz y le doy un repaso a la puerta de la entrada, que el sol la tiene comida, ¿vale?

—Pues sí. Falta tiene, sí…, umm, ahora que la veo bien… ¡está claro!

—De acuerdo, hasta mañana, me voy a casa, que tengo que ir a hacerle la compra a mi madre.

Habían pasado casi tres meses cuando Samuel se encontró preparado para pedirle un favor desinteresado a Héctor:

—¿Vas a ir a la tienda de Flora, entonces?

—Sí.

—Si te dejo una lista con unas cosas que necesito, ¿me las podrías traer mañana? Yo te daría el dinero ahora mismo…

—¡Claro, don Samuel! ¡Eso está hecho!

—Espera un segundo.

Samuel entró casi corriendo a la casa y en un par de minutos salió con un trozo de papel garabateado y dos billetes de cincuenta euros.

—Toma y coge el dinero; seguramente, te sobre, pero más vale que sobre que no que falte.

—Muy bien, mañana se lo traigo todo. Flora lo va a echar de menos, ¡eh! Je, je.

—Pues sí —contestó realizando una cómplice mueca—. Es capaz de pensar que he estirado la pata, eh… —La mueca de Samuel se convirtió en una preciosa sonrisa, que contagió a Héctor y lo sumergió en una satisfacción de tal magnitud… que no la podría comprar ni con todo el oro del mundo. Estaba viendo por primera vez a Samuel reír de verdad, no con una risa forzada, eso le produjo una paz interior que lo llenaba por completo, de los pies a la cabeza.

Recordó en ese instante una famosa frase de Einstein: **«Vivimos en el mundo cuando amamos. Solo una vida vivida para los demás merece la pena ser vivida».**

De vuelta hacia el pueblo, a Héctor le preocupó encariñarse demasiado con aquel hombre, ni siquiera había sido sincero con él, no sabía si decirle la verdad: que no solo estaba allí para ganar un dinerillo (que buena falta le hacía), sino que estaba trabajándolo psicológicamente, escudriñando su mente sin ser percibido, analizando su personalidad en una incesante búsqueda de patologías psicológicas…

Por un lado, se sentía mal por eso, pero por otro sabía que era la única persona capaz de ayudarle. Su hermetismo era tal que aún no entendía cómo podía haberlo empezado a desquebrajar, y estaba claro que faltaba poquísimo para poder tener la confianza suficiente y hablarle claramente e intentar ayudarle de una forma definitiva, para que Samuel se abriera, aceptara sus traumas, fueran los que fueran, y pudiera echar todo lo que lo corroía por dentro, que era el primer paso en el camino hacia su merecida felicidad.

CAPÍTULO: 3 TODO FINAL ES UN COMIENZO

Aquella noche, Samuel tuvo otro extraño sueño; de nuevo, las pesadillas invadían su letargo: frente a él, pero algo lejos, se encontraba su mujer, lucía un vestido blanco parecido al de una novia, a su alrededor no había nada, ni árboles ni calles, ni naturaleza, nada… Seguramente, porque su mente estaba centrada en la aparición de su esposa. Anne miraba a un lado y a otro, como buscando a alguien, estaba claro que no lo veía, Samuel intentaba una y otra vez salir corriendo hacia ella, pero no podía mover ni un dedo, la sensación de inmovilidad era la misma que la anterior pesadilla, ni siquiera los labios podía mover para pronunciar su nombre.

«¿Cómo es posible que no me vea? ¡¡¡Si yo la veo perfectamente!!!».

Tras un instante, Anne se dio la vuelta y comenzó a andar cabizbaja y lentamente en dirección contraria a él, hasta que se perdió en el blanquecino y vacío horizonte.

Samuel insistía reiteradamente, su nerviosismo aumentaba de forma exponencial por segundos, en su intento de llamarla y de salir a su encuentro, pero todo esfuerzo era en vano, su corazón latía como una locomotora a máxima potencia. ¡¡Pum, pum, pum, pum!!

Despertó de repente, dando un tremendo bote en la cama, abrió los ojos, estaba todo sudado y angustiado, la experiencia fue muy dolorosa; aun así se alegró de haber soñado con ella, porque así recordó de nuevo cómo era su rostro… su pelo… toda ella… Fue en ese instante cuando se dijo… «Anne estará ahora durmiendo plácidamente con su amante, y yo aquí sufriendo tanto por nada, no sé por qué sigo enamorado, esto debe cambiar… Si no, voy a acabar haciendo alguna locura».

En ese segundo de revelación, fue consciente de que tenía que cambiar su vida, ese centelleante y revelador instante fue suficiente para verlo claro, no sabía qué futuro le aguardaba, ni cuánto esfuerzo y tiempo le costaría, pero lo que sí sabía es que hacía mucho que no llevaba el timón de su vida y eso se iba a acabar.

Miró su reloj… eran las cuatro de la mañana y estaba irremediablemente desvelado, por lo que fue a la cocina, se hizo una infusión de tila con dos bolsitas y se la tomó, volvió a la cama e intentó relajarse un poco, le costó volver a retomar el sueño, pero tras una hora quedó plácidamente dormido.

El invierno gris ya estaba llegando a su fin, la **primavera** luchaba por ocupar su puesto, ya se comenzaban a percibir las primeras lluvias primaverales típicas de la zona, que dejaban impreso su característico perfume, al caer sobre la tierra seca, llamado petricor, un nombre que proviene del término griego *petros*.

Tras la temprana llovizna, el arcoíris extendió su poder por toda la montaña, mostrando su vanidosa policromía de colores de un lado a otro del horizonte, como un pavo real extiende su extravagante cola de largas y coloridas plumas.

Héctor conducía de nuevo por el maltrecho camino que subía hasta la casa de Samuel, se percató rápidamente del precioso arcoíris que había surgido en ese momento. Mientras no perdía de pista los baches y las tremendas curvas, bajó el cristal del automóvil, para alcanzar el aroma a tierra mojada que tanto le fascinaba.

En unos minutos llegó a la cabaña, su aspecto ya no era el mismo que cuando llegó por primera vez, ahora estaba preciosa, y se veía muy cuidada. Al llegar a la puerta de entrada a la parcela, se detuvo a observar el terreno que rodeaba la casa, estaba lleno de matorrales, había un desordenado montón de leña en un lateral, y unas bolsas de basura esparcidas por algún animal; pensó que esa sería su próxima tarea.

Samuel salió a recibirle, como si hubiera estado esperándolo, y lo invitó a tomar un café que acababa de preparar. Al entrar al salón, Héctor contempló con satisfacción que Samuel le había preparado un suculento almuerzo, en la mesita baja frente al sofá y los sillones, no solo un café, que olía a gloria, sino que había colocado unas galletas y un bizcocho casero que tenían una pinta espléndida. Sin dilación, tomó asiento en uno de los sillones y Samuel lo acompañó, se sirvió y comenzaron a charlar amistosamente. Héctor probó a iniciar una irónica conversación:

—¿Conoce usted a Prudencia, la que trabaja en el centro médico de administrativa? —dijo Héctor.

—Pues ¿a Prudencia?… Sí, supongo que sería ella, de una vez que fui a la consulta del doctor Montesinos.

—Bueno, pues es una chica… dicho de una forma respetuosa… poco agraciada. —Y seguidamente, sin dejar a Samuel ni pestañear, continuó—: ¡Pues ayer me dijeron que tiene novio! ¡¡Yo me quedé muerto cuando me enteré!! Si ella tiene novio, no sé cómo yo sigo soltero, je, je.

—Je, je…, ya te vas enterando de todo lo que ocurre en el pueblo, ¿eh? ¡Vas a acabar peor que Flora!

—Je, je…, no creo…, no sé…, solo que me hizo gracia… Es una chica muy maja…

—Pues tú, en vez de cotillear, dedícate a abrir los ojos, pero para buscar una buena chica —indicó Samuel subiendo y bajando su mano con el dedo índice estirado señalándolo.

—Pues sí, ¡tiene usted toda la razón! Que ya me va apeteciendo sentar la cabeza.

—No me digas de usted, ¡que ya tenemos confianza, Héctor!

—Vale…, ¡mejor! Que así le tuteo y le quito años.

—Je, je…, pero… ¿Cuántos crees que tengo, chaval?

—No sé…, no me atrevo a opinar…

—Pues solo sesenta y pocos años… Sesenta y seis para ser exactos.

—Anda, pues aún le quedan veinte años buenos y luego ya llegarán los malos… je, je.

—Je, je… ¡¡Vaya que sí!!

Héctor ya había logrado ese ambiente confidencial que quería y necesitaba para hablar con Samuel con más confianza e intentar que se abriera un poco.

—Y en esos sesenta y seis años… ¿Cómo le ha ido?

A Samuel le cambió el rostro. Quedó unos segundos mirando como al infinito, Héctor no era consciente de lo que pasaba por la cabeza de Samuel, pero en ella la opresión de su hermético secreto llegaba a su fin. Samuel tomó aire y, casi sin pensarlo, comenzó a hablar de forma sosegada, mientras miraba a los ojos a su invitado:

—Pues ha habido de todo, Héctor, de todo… Cuando me jubilé, vendimos el pequeño piso que teníamos en un tedioso barrio de las afueras de Madrid, y compramos esta cabaña. A los dos nos atraía la idea de vivir en contacto permanente con la naturaleza, y esta zona nos encantó —pronunció Samuel, volviendo la mirada hacia la ventana desde la que se veía el precioso bosque primaveral.

Héctor se percató de que por fin lograba que le hablara de su mujer, no quiso interrumpirle y le escuchaba casi sin pestañear.

Los ojos de Samuel volvieron a clavarse en los de Héctor y continuó:

—Llevábamos tan solo un par de días de nuestra nueva vida y una mañana me desperté temprano, tras un sueño con unas extrañas pesadillas que no recuerdo, desperté y, como siempre, abrí la ventana del dormitorio, me inundó los sentidos el olor a tierra mojada y el piar de los pájaros, lo que me relajó tras el ajetreado letargo; al volver la vista a la habitación, observé que mi mujer Anne no estaba, la llamé pensando que estaría en la cocina preparándome mi café y mi tostada como solía hacer, pero no obtuve respuesta, me dirigí entonces hasta la cocina, parando en el cuarto de baño para mirar si estaba allí, pero nada; al llegar a la cocina, estaba todo como lo habíamos dejado la noche anterior, en el salón tampoco estaba, la llamé de nuevo, pero el abismal silencio se apoderó de toda la casa.

»Salí al porche y miré en todas las direcciones mientras chillaba su nombre con todas mis fuerzas, pero no la vi… —Se detuvo un instante para coger fuerzas y poder continuar—. El coche seguía en el camino al lado de la puerta de entrada a la parcela, comencé a ponerme muy nervioso, mi corazón latía apresurado, ese nerviosismo se apoderó de mí, y fui corriendo de nuevo al dormitorio por si había salido a dar un paseo y me hubiera dejado alguna nota, pero no encontré ninguna, no sé por qué, pero abrí su armario, y cuál fue mi sorpresa cuando lo encontré… totalmente vacío, miré en su mesita de noche y pasó igual, no había nada de ella en el dormitorio, miré en el resto de estancias con el mismo resultado: se había llevado toda su ropa y sus cosas, solo me dejó las figuritas que ves por aquí.

»Llegado ese momento… me tuve que sentar en el sofá del salón porque mi mente no daba abasto, estaba totalmente bloqueado, me acordé en un instante de lucidez del móvil y la llamé, pero salió un mensaje diciendo que el número de móvil no existía, la busqué por la zona e hice todo lo posible e imposible por encontrarla, pero no la encontré, avisé a la Guardia Civil, que llegó en unos minutos; al final, me dijeron que seguramente se había marchado y no quería que la encontrara, y al no haber pruebas para iniciar una investigación, no podían hacer nada, porque se había llevado todo y hasta su teléfono lo había cambiado; desde aquel día, tuve que asimilar lo ocurrido. Me quedé solo en la casa. Todos los días, a todas horas, las preguntas me asaltaban, ¿cómo salió de casa? ¿Vendría un hombre a recogerla? ¿Un amante tal vez? Quizás no le gustaba la idea de vivir en una montaña, quizás tenía ese supuesto amante desde hace tiempo en Madrid y al venir aquí tuvo que dejarme, por no poder seguir llevando las dos relaciones, no sé… Ojalá no fuera eso, pero… no se me ocurría nada más…

»Como te he dicho, lo único que me dejó fueron sus figuritas; no he tenido coraje ni siquiera para tocarlas. Su presencia me martiriza todos los días desde entonces, es algo superior a mis fuerzas… —enunció mirándolas de pared a pared con un rostro lánguido y melancólico, que hizo necesario tomarse una nueva pausa para poder continuar.

Sus ojos, que comenzaron a hincharse y tomar un tono rojizo al recodar a Anne, estaban de nuevo a punto de derramar lágrimas; tuvo que hacer un tremendo sacrificio para evitar que eso ocurriera, profirió unas respiraciones profundas e intentó seguir, realizando un último esfuerzo, porque echar todo eso fuera, aunque le costaba horrores, le estaba aliviando.

—Dormir pasó a ser un lujo, y los dolores de cabeza se hicieron crónicos, la tristeza y la melancolía se adueñó de todo mi ser, pasaba muchas tardes tirado en el suelo del salón, llorando. ¡Lloré! ¡¡Lloré todo lo que pude y más!!…

»Tras una semana, los ataques de ansiedad eran constantes; me quedaba sin respiración entre llanto y llanto, más de una vez comencé a asfixiarme y pensé que había llegado mi hora, pero al final sobreviví a todos ellos, aunque la idea no se fue de mi mente, no quería seguir viviendo.

»Lo que yo estaba pasando era algo tan duro que nunca pensé que podría superarlo. Por lo tanto, llegué a la conclusión de que necesitaba ayuda, llamé a mi médico y me recomendó al especialista de Madrid al que fui, pero lo dejé porque no me ayudaba en absoluto. No quería hablar de ello y menos con un desconocido, porque solo pensar en Anne hacía que todo mi ser temblara y me hundiera aún más en una desolación inimaginable; además, el contacto con la gente, por la calle, en el metro, etc., me ponía peor…

»Al final, decidí quedarme aquí, solo. Este bello bosque debería ser mi cura. Aunque la verdad es que la echo de menos igualmente, no voy a mejor, los ataques de ansiedad ya forman parte de mi vida, como las cefaleas, pero lo voy llevando como buenamente puedo. La verdad es que ahora me empiezo a dar cuenta de que intentar vivir con esto yo solo quizás fue un error, tengo que echar fuera todo lo que me corroe aquí dentro —afirmó tajantemente señalándose la frente—; si no, nunca podré vivir, porque lo que yo llevo haciendo desde que me abandonó Anne no se puede llamar vivir, ni te imaginas cómo era yo antes…

—¿Cómo eras? —preguntó Héctor, absorto por lo que Samuel le había desvelado, aunque no quería forzarle, ya que en estos pocos minutos había obtenido de él mucho más de lo que se hubiera imaginado, por lo que intentó suavizar la conversación, llevándola fuera de sus miedos y sus tristezas, de las que seguirían hablando en otra ocasión. Cualquier cosa que le dijera Samuel sobre su vida le interesaba mucho, porque le ayudaría a conocerlo mejor.

Samuel continuó:

—Yo comencé a trabajar de comercial de seguros con veinte años, tras un historial académico algo frustrado. Rápidamente, le tomé el gustillo al trato con la gente y a la venta, me di cuenta de que esa era mi verdadera vocación, el primer año recuerdo que me levantaba ilusionado, deseando llegar a la oficina para comenzar mi jornada, hacía llamadas, puerta fría y lo que hiciera falta para vender los seguros de la multinacional.

—¿Puerta fría?

—Bueno… Eso es ir por las casas tocando timbres, y presentándote, indicándoles alguna oferta.

—Ah…, je, je. O sea, que eras de los odiosos comerciales que te despiertan a la hora de la siesta y todo eso… je, je.

—Sí, yo hacía lo que hiciera falta —expresó Samuel con una leve risita fruto de los placenteros recuerdos de aquella época de su vida.

—Ah… y… por cierto, ¿ha dicho que su mujer se llama Anne? ¿Ese nombre no es español, no?

—Ella es francesa, la conocí hace diez años, en un viaje que hice a París, con motivo de una convención de mi empresa. Fui a cenar con unos compañeros a un famoso restaurante que nos recomendaron y allí estaba, tras un dorado y reluciente mostrador que ni de cerca brillaba más que ella, estuve toda la cena pensando qué le podría decir para conversar un poco, mi francés es casi nulo, pero me acerqué a la ella y le pude balbucear unas palabras en un idioma parecido al francés. Le dije que era de España y me gustaría saber qué me recomendaría de París, ya que solo estaría allí un par de días más. Ella me dejó atónito cuando me respondió en un español casi perfecto; me indicó, con una hechizante sonrisa, que su madre era española y que pasaba largas temporadas en España. Al final, aquel día tuve el mayor golpe de suerte de mi vida, logré convencerla para que al día siguiente me acompañara a visitar los lugares más hermosos de París. Tras unos meses, acabó viviendo conmigo en Madrid, haciéndome más feliz de lo que hubiera podido imaginar nunca, y aquel golpe de suerte continuó hasta el 5 de febrero del año pasado…

—Bueno, pero esos años en los que fue feliz con ella no se los podrá quitar nadie, esos momentos nunca se marcharán; sé que es duro, no se trata de hacer un esfuerzo mental tremendo para no pensar en el pasado, en Anne, sino de asumir que por causas ajenas a ti, que seguramente nunca entenderás, esa etapa ha pasado, y ahora tienen que venir otras fases, tienes que volver a sentirte vivo, hay muchos momentos felices esperándote; solo tienes que ir a por ellos.

Samuel se mantuvo callado y cabizbajo, no confiaba en que volvería a aquel estado de júbilo; su batalla acababa de empezar y se encontraba rendido, con su bandera blanca ondeando al viento.

—¿Y estuvo toda su vida en la misma empresa trabajando?

—Sí, antes las cosas no eran como ahora, cuando entrabas en una empresa y hacías tu trabajo de una forma mínimamente aceptable, a no ser que tú quisieras, no cambiabas; ahora las cosas no están así… En mi caso, no me despidieron porque estaba de autónomo, y era cumplidor.

—¡Dímelo a mí! —espetó Héctor.

Héctor no podía aguantar más el hecho de ocultarle a Samuel su verdadera profesión, y en ese ambiente de confianza que habían creado no había cabida para las mentiras, por lo que se armó de valor y le contó la verdad, por lo menos de su profesión:

—Samuel, te tengo que decir una cosa, ya que te has sincerado conmigo de esta forma… Yo debo corresponderte: yo trabajaba de psicólogo en un gabinete enorme que había en Barcelona, le dije que trabajaba en otra cosa porque no quería que me rechazara, el dinero que he ganado con usted nos ha venido muy bien a mi madre y a mí. Pero tú… no eres para mí un paciente, te considero un amigo. Un buen amigo…

Samuel, no sabía cómo reaccionar, no le sentó nada bien que lo engañara, pero ese hastío contrastaba con otra fuerza interior, la cual le impedía perder a su nuevo y único amigo, que en parte le hizo volver a la realidad, tan solo con su simpatía. Ambas fuerzas se igualaron en su interior y decidió seguir dialogando como si nada hubiera ocurrido…, aunque se sintiera herido por la farsa que había vivido; sacó fuerzas y, sin cambiar su rostro ni un ápice, pudo preguntándole:

—¿Y qué te pasó…? ¿Te echaron, no?

Héctor pudo respirar más tranquilo al ver que Samuel no le daba importancia a lo ocurrido. Se sentía liberado, aunque la verdad fuera parcial, ya que no tenía valor para decirle que el doctor Montesinos y él se habían conjurado para ayudarle psicológicamente… Lo acercó aún más a Samuel, y eso le hacía sentir bien, no lo engañaba cuando le decía que no lo veía como a un paciente, los dos habían conectado y cada uno le aportaba al otro algo valioso que no se compra con dinero.

—Sí. ¡Me echaron a la calle de una forma rastrera! —continuó hablando Héctor—. Mis resultados siempre fueron más que aceptables, hoy en día miden todo en una empresa, y los ordenadores les dicen a los jefes hasta los minutos que pasas en el baño, je, je… Pues después de ofrecerles unos resultados espléndidos durante casi ¡cuatro años!, una mañana, cuando me disponía a sentarme en mi mesa de trabajo, me llamaron del departamento de personal y únicamente me dijeron: «Lamentamos comunicarle que ya no son necesarios sus servicios en esta empresa; por favor, recoja sus cosas y pase por aquí a firmarnos los documentos del finiquito».

»Me quedé atónito, a punto estuve de pellizcarme por si estaba viviendo una pesadilla, pero en vez de ir al departamento de personal, me fui directamente a ver a mi jefe. El muy cabrón estaba en su superdespacho encerrado. Cuando le dije a su secretaria quién era y que tenía que verlo urgentemente, la muy… me clavó una hostil mirada y me soltó que iba a estar ocupado todo el día; al final, me entraron unas ganas insoportables de salir de allí…, y eso hice.

»En fin, que me quedé sin trabajo, y con una legal, pero miserable indemnización. Ya no necesitaba ninguna explicación, solo ansiaba salir de aquella leonera; únicamente, lo sentí por mis pacientes porque no es recomendable que cambien de psicólogo a mitad de tratamiento.

»Busqué trabajo por Barcelona, luego por el resto de España, pero llegó un momento en el que la miseria de paro que me daban no era suficiente para cubrir mis gastos en una capital como Barcelona. Además, como dicen que las desgracias no vienen solas, hace poco falleció repentinamente mi padre de un infarto, la noticia me llegó en el peor momento de mi vida, pero hay que tirar hacia delante; en vez de encerrarme en la amargura que me trajo la noticia, decidí quedarme a vivir con mi madre una temporada en Jara y seguir buscando trabajo por Internet desde allí, porque así podría acompañarla y ayudarla un poco.

—Eso está muy bien, eres un buen hijo. A mí me hubiera gustado tener hijos, pero para cuando el azar me regaló a Anne, ya éramos los dos demasiado mayores para eso; no pude tener familia.

Héctor, tras meditar un instante, le dijo:

—Los medios de comunicación, a veces, intentan crearnos necesidades ficticias, como miles de productos que si nunca los hubieras tenido, nunca hubieras echado en falta, o clichés, como el de la «**familia feliz**», que puedes ver en algunos anuncios, donde se observa: un chalé maravilloso, limpio y ordenado con una pulcritud que roza lo aséptico, una familia con hijos e hijas guapísimos, un enorme perro muy tranquilo y limpio, y un matrimonio impoluto, que se besan a todas horas; incluso unos vecinos tan serviciales como sonrientes.

»Te inculcan esa meta como definición de «familia feliz», y tú desde tu sillón solo tienes que dejarte llevar, hasta que a base de impactos publicitarios como este, esa meta tiene un lugar preponderante en tu listado personal de metas, y cuando tenemos una meta… ¿Qué hacemos? Irremediablemente, todos intentamos alcanzarla…, pero, en este caso, el objetivo a seguir no lo has «decidido» tú… te lo han puesto en bandeja y con todos los detalles incluidos, no has tenido que esforzarte ni lo más mínimo, y como esa meta no ha pasado el filtro de accesibilidad por el que pasamos las metas que nosotros escogemos libremente, pues nos topamos con dificultades a la hora de intentar alcanzarla.

»Pero no te preocupes… que te dicen qué tienes que hacer… te lo imaginas ya, ¿no? Pues sí… ¡COMPRA ESTO! ¡COMPRA ESTO OTRO! ¡Y ESTO! Y así sucesivamente…, pero acuérdate de que la meta que nos quieren colar es tan falsa como la supuesta familia del anuncio… por lo que… nunca llegarás a ella…

»No solo habrás perdido tu dinero en unas compras inútiles…, sino que como estás luchando en dirección a esa meta que, en teoría, te va a ofrecer una «vida feliz»…, ¿para qué seguir pensando en otras metas? ¡No podré optar por una dicha mayor que esa!, pensarán los incautos.

»Así es la GRAN MENTIRA, que te costará dinero al incrementar tu consumismo hasta unos niveles que pueden ser peligrosos en algunos casos, y lo que es más importante: te tendrá toda la vida en un estado itinerante hacia ninguna parte.

»Yo… tomaría las riendas a la hora de elegir mis metas, y no dejaría, bajo ningún concepto, que… sutilmente, me las autoimpusieran. Para ser libre, a veces hay que decir no.

»Volviendo al tema de los hijos, no hay que tener hijos para sentirse realizado en la vida; en realidad, no se trata de ser feliz por tener equis, sino de ser feliz teniendo la letra que tengas… sea la «a», la «b» o la «x».

Samuel respondió:

—Eso es muy difícil, sobre todo cuando esa «x» la has disfrutado y amado como a ninguna otra letra durante años y te has acostumbrado a ella como a respirar.

—**Samuel, que no te siente mal lo que te voy a decir, pero… estás equivocado, debes despejar tu mente**, te lo voy a ir demostrando si me das una oportunidad, **todos podemos cambiar**, es cuestión de **relativizar y observar** la realidad como realmente es, da igual nuestro pasado, nuestra edad, todo…

—Ya…, ahora el psicólogo me dirá eso de «querer es poder»

—Ja, ja…, pues te lo iba a decir en este mismo instante, pero ahora ya no te lo digo, je, je.

Cambiando un poco el rostro a uno más neutro le aseguró:

—No es tan fácil y ambos lo sabemos, me gustaría poder hablar contigo más detenidamente sobre todo esto otro día…

A lo que Samuel respondió:

—Bueno, no me vendría mal que me psicoanalizaras un poco… aunque preferiría un buen masaje. Ah… y no te olvides de traerte el kit portátil de electroshock para hacerme un completo.

—¡Ja, ja, ja, ja!

Ambos empezaron a desternillarse, con unas carcajadas que resonaban por todo el salón y hacían que se revolcaran una y otra vez sobre sendos sillones.

Tras un tronchante y desenfrenado instante, Héctor se inclinó en su sillón, se contuvo para poner un rostro lo más sobrio que las circunstancias le permitieran y replicó:

—Lo malo… es que esta casa tiene una instalación eléctrica algo endeble, no creo que llegue a la potencia eléctrica que tú necesitas…

Ja, ja, ja, ja, ja, ambos confraternizaron de nuevo riéndose a todo pulmón durante un buen rato. Héctor estaba muy contento, le extrañaba que Samuel hubiera realizado un cambio tan rápido y sin terapia; ya tenía su atención y su confianza, que era un tremendo paso…

Terminó su café y se puso otro trozo de bizcocho.

—Y… ¿has hecho tú este bizcocho?

—Sí.

—¡Pues me encanta! Además, yo soy muy galgo, todo lo dulce me gusta horrores.

—Llévate lo que ha sobrado a su casa.

—No, gracias…, que si me lo llevo, me lo como, je, je, y hay que guardar la línea.

»Bueno…, en cuanto al jardín…, por llamarlo de alguna forma…, lo que puedo hacer es buscar ideas, iré a casa y miraré por Internet a ver qué veo, me puedo descargar algún catalogo de jardinería, ¿qué te parece?

—Bien, aunque no me hace falta un jardín para nada…, pero bueno…, ya que hasta ahora todo lo que has tocado lo has transformado en una maravilla, no te voy a decir que no. La casa parece otra, aunque habrá que ver los presupuestos bien… y no gastar mucho.

—Gracias, pues así quedamos, luego me paso mañana o pasado; cuando reúna algo de información y ya lo vemos tranquilamente.

Héctor abandonó la casa; de camino hacia el pueblo, recordaba todo lo acaecido, su sensación era de asombro más que de otra cosa, estaba contento de que Samuel le diera una oportunidad. Al llegar a casa, no solo estudiaría tipos de césped o muebles de jardín, sino que se pondría a meditar y tomar notas para organizarse un poco y poder ayudar a Samuel definitivamente.

En cuanto llegó a casa, llamó al doctor Montesinos. Aunque estaba en contacto con él a menudo, tenía que contarle todo lo ocurrido. El doctor se alegró del milagroso cambio que había experimentado Samuel y dialogaron un buen rato.

Aquella tarde la pasó en casa, meditando cómo socorrer a su nuevo amigo, ya contaba con su verdad y algo de disposición a ser ayudado, o por lo menos a escucharle, ya veríamos cómo reaccionaba al hablarle de motivación, dejar de culparse, etc.

Héctor estuvo tres días preparándose y acompañando a su madre, que también necesitaba de su presencia, pero no dejó a Samuel solo, le llamó por teléfono en varias ocasiones, incluso le invitó a que bajara al pueblo a tomar algo, pero Samuel se negó, más bien hizo todo lo contrario… Con tal de no tener que sociabilizar ni lo más mínimo, le volvió a redactar su lista de la compra para que Héctor se la subiera a la cabaña en cuanto pudiera. Por supuesto que le hizo el favor muy gustoso, era pronto para forzarle a hacer nada que no quisiera; al día siguiente, iría por allí a verlo y seguirían hablando. Héctor tenía la esperanza de que Samuel saliera del túnel pronto, contaba con una naturaleza muy sociable y empática, eso saltaba a la vista, y sería algo en lo que tendría que apoyarse para poder levantar ese ánimo y reorganizar su vida en la dirección correcta.

Samuel quedó solo y durante esos tres días echaba de menos a Héctor, ya que había creado con él un vínculo de amistad muy fuerte; no sabía muy bien por qué, pero confiaba en él plenamente. A nadie más le hubiera contado toda la verdad, aunque a veces pensaba: «¿Por qué está Héctor ayudándome? Las chapuzas que le iba pagando eran una miseria, y el muchacho podía estar buscando trabajo por Internet o acudiendo a empresas a dejar currículos o a entrevistas, pero ha estado conmigo y se ha portado genial; me ha comprendido como nadie».

Encendió la televisión de nuevo… Pero pensó que a Héctor le gustaría ver la casa un poco más limpia y sobre todo ordenada, ya que los armarios y cajones estaban repletos de trastos; era hora de ir dándoles un repaso.

Una preciosa tarde primaveral, se puso con la mesita de noche que usaba su mujer, estaba toda revuelta desde el día en que Anne desapareció, recordaba cómo la abrió ferozmente al igual que el resto de cajones de la casa, para buscar algún indicio sobre el motivo de la partida de su mujer.

Había unos calcetines de él, por cierto, estaban usados y sucios, ni se acordaba de haberlos metido allí, otras prendas suyas, también más abajo unos recortes de revistas de muebles, que dejaría allí su mujer, otros pequeños objetos y al fondo del cajón, cuál fue su sorpresa, se encontró unos folios muy doblados que contenían poesías que había escrito Samuel (esa era una faceta suya casi oculta; en muy contadas ocasiones se ponía a escribir poesías, a veces las guardaba y otras no), las sacó del cajón con cuidado y se sentó en la cama apartando previamente los objetos y ropa que había sacado de aquel cajón y comenzó a desdoblar aquellos folios garabateados, que conoció porque era su letra la que figuraba en ellos. El primer folio contenía una poesía que se titulaba «Dime que no me amas»; recordó el motivo por el que escribió aquello… Estaba en una fase en la que no se creía que su mujer no lo amara y lo hubiera abandonado por ese motivo.

Decía lo siguiente:

<u>DIME QUE NO ME AMAS</u>

Dime, que no me amas,
que no te sentiste amada,
que no sembré en ti esperanzas.

Dime que no me abrazas de noche,
como si fuera tu broche.
Dime que saldrás corriendo
tan rápido como el trueno.

Dime que en un momento
puedes romper con lo nuestro.
Dime en vano todo eso,
aunque sabes que no te creo.

-------------------- ------------------------

En otro folio había una más corta:

Tantos años contigo,
tanto fue lo vivido,
tanto tiempo a tu abrigo,
tanto que se me ha ido.

---------------------- ---------------------

Esta otra, fue la que más le impactó… no recordaba cuándo la había escrito, al leerla se sintió abatido mientras meditó: «Realmente, debería haber pedido ayuda entonces… Espero que no sea demasiado tarde para volver a ser quien era antes».

La poesía decía así:

AMARGOS SON ESTOS DÍAS,
MORTIFICANTES MOMENTOS
QUE ME HACEN SERTIR UN PARIA
DE ACRES PENSAMIENTOS.

ANGUSTIOSO Y VACÍO
ME SIENTO POR DENTRO,
OIGO EL SILENCIO
QUE VIENE A MI ENCUENTRO.

LA QUIERO SIN SABER QUERER,
LA AMO Y NO PUEDE SER,
LA EXTRAÑO Y NO SÉ QUIÉN ES
Y MUERO POR SU QUERER.

Se tumbó en la cama y clavó su mirada en el techo. Aunque estaba oyendo el piar de algunos pájaros que rondaban su casa, intentó dejar la mente en blanco sin pensar en nada…, solo pensó una cosa: «No voy a sacar más cajones hasta que esté preparado para lo que me pueda encontrar. Tengo que ser fuerte, pero… ¡Dios! ¡¡Lo que me está costando!!».

Por cierto, era la primera vez que nombraba a Dios desde que Anne marchó y se percató de ello por un instante.

Con la mente en blanco, solo pudo permanecer unos segundos. La tristeza le invadía, pero él se resistía con uñas y dientes a revivir aquel desgarrador sufrimiento que había pasado en soledad…, la misma soledad que en esta ocasión intentaba afincarse de nuevo en su alma, la misma a la que nunca llegaría a acostumbrarse, la que le aplastaba como una losa, oprimiéndole toda su ilusión y vaciándole de vitalidad, una vitalidad que siempre fue innata en él.

Se levantó de la cama, tan velozmente que incluso se mareó, pero aun así continuó y sin detenerse un instante salió de la casa a tomar aire fresco.

En cuanto atravesó la puerta de entrada, un atardecer tan inesperado como inconmensurable lo dejó extasiado, había pasado la tarde en un instante, el tiempo había escapado de su control, pero no le importó, quizás ese había sido el ocaso más bello de todos los que había visto en su vida… o así se lo pareció…

No quería perdérselo ni por un segundo, por lo que sin dejar de observarlo, dejó la puerta abierta y se sentó al lado. Pegó la espalda contra la pared exterior de la cabaña y flexionó las piernas acercándoselas al torso y enlazándolas con los brazos; por último, apoyó la cabeza con delicadeza sobre los desquebrajados tablones de madera que recubrían la casa.

Atónito, gozaba del maravilloso espectáculo, del amplio abanico de luminosos colores rojizos y dorados que emitía el sol, mientras se resistía a abandonar aquellas lozanas y primaverales tierras boscosas de tonos verdosos intensos y vivos.

Escasas pero amenazantes nubes rodeaban toda la escena, no haciendo otra cosa que difuminar las intensas tonalidades, siendo el mejor colofón a un paisaje sublime.

Los pájaros seguían piando sin tregua, y revoloteando por los alrededores de la casa; eran, sin duda, la mejor banda sonora que podría acompañar aquellas sanadoras vistas. Samuel no se levantó hasta que el sol se ocultó por completo.

Aquel colorido regalo y la deseada visita de Héctor al día siguiente le hicieron sentirse en paz consigo mismo y con la naturaleza; tanto que durmió como un niño.

CAPÍTULO 4: «*El comienzo es la parte más importante de la obra*» (*Platón*)

Se despertó por los golpes que estaba asestando Héctor contra la puerta de entrada. En cuanto abrió los ojos, le inundó por un instante una grata sensación… Su amigo Héctor estaba allí, saltó de la cama todo lo rápido que pudo.

—¡¡Ya salgo!! ¡¡Un segundo!!

Y salió a abrir en pijama. No podía permitir que su mejor amigo estuviera en la puerta esperando. En cuanto le abrió y Héctor vio su pijama de color azul cielo, su pelo despeinado echado un poco para un lado y sus ojos algo hinchados, se echó a reír.

—¿Qué haces así a estas horas? Son las diez de la mañana, ja, ja. ¡¡Para que luego digan que los viejos no duermen bien!!

—Ja, ja… ¡Qué cachondo eres! Viejo dice… ahora si quieres salimos al monte y vemos a ver quién sube más arriba.

—Ja, ja. No, ahora no, que traigo el café y la madalena aún en la garganta sin digerir.

—Ja, ja, anda pasa, cachondo, siéntate por ahí… Voy a vestirme; si quieres, puedes hacer café mientras…

—¡Vale!…

Cuando Samuel volvió, ya arreglado, todo el salón olía a café recién hecho; en la mesa baja había una bandeja con la cafetera y unas tazas.

Samuel se sentó y comenzaron a charlar:

—¿Qué tal te ha ido por el pueblo estos días?

—Bien, estuve con mi madre y repasando algunas cositas de mi profesión, ah, y te hice la compra, la llevo en el maletero del coche; ahora, después del café, voy a por ella.

—¿Y Flora? ¿Sigue igual, no?

—Pues sí, aunque debería estar mala o en la ciudad, porque me atendió su marido.

—Ah.

—¿Y tu madre? ¿Está llevando el luto bien? Supongo que teniéndote a ti con ella, sí.

—Sí, está más animada, ya sale con sus amigas y todo eso…

—Me alegro…

—Por cierto, Samuel, te he traído una cosa, voy al coche y la traigo, y ya de paso meto también la compra.

Dejó las bolsas en la cocina, metió un par de cosas en el frigorífico y se dirigió hacia Samuel con unos folios grapados; estaban imprimidos porque su letra era ardua de entender, los dejó en la mesita mientras Samuel los miraba intrigado…

—Esto es algo de lo que me gustaría hablarte, un pequeño guion, una hoja de ruta que me gustaría explicarte, lo podemos ir mirando esta mañana y ya te lo dejo para que lo leas las veces que necesites, ¿vale?

—Por lo que veo no has traído catálogos de césped ni de enanitos de jardín.

—Je, je… ¡Noo! Los enanitos que vi eran muy caros… tengo que seguir buscando. de eso podemos hablar otro día…

—Bueno, pues vamos a ver qué me has traído — pronunció intentando ocultar su curiosidad.

—Ok.

Héctor se sentó en el sofá que había entre los dos sillones, en el lado más próximo a Samuel, que continuaba sentado en su sillón. Samuel se le quedó mirando y pronunció de forma irónica:

—¡Eres un psicólogo muy insólito!

—¿Sí? ¿Y eso por qué?

—Porque te aposentas en el sofá dejando al paciente en el sillón.

Ja, ja…, ambos rieron al unísono.

Héctor, tras ese afable instante, comenzó a hablarle; de vez en cuando miraba los folios que había traído para comprobar que no se dejaba nada.

—Samuel, el otro día te sinceraste conmigo, por eso creo que superar tu situación te va a ser un poco más fácil, pero hay que empezar por algún lado… y el punto de salida idóneo es el de **identificar los hechos que te han traído hasta aquí**, hasta tu morada actual llamada tristeza. Cuando nos pasa algo traumatizante, ponemos a trabajar nuestro cerebro para intentar descubrir y definir qué es lo que nos ha ocurrido.

»Al igual que cuando te duele una muela y te tocas todas para saber cuál es exactamente la que tiene algún problema, necesitamos saber qué muela nos duele; si está picada, tocamos la encía para ver si está inflamada, hasta nos miramos en un espejo para ver si tenemos ese lado de la cara más hinchado que el otro, aunque todo eso no sirva de gran cosa…

»Normalmente, el dolor físico rápidamente lo asociamos al verdadero foco de dolor y lo definimos con claridad; no ocurre así con el psicológico, porque si comenzamos a darle vueltas a lo que nos pasa… y por qué ha pasado, nuestro inquieto y a veces embustero cerebro puede jugarnos una mala pasada, inventándose una realidad, engañándonos vilmente…

»Por eso, en esos momentos de **tóxica y corrosiva «creatividad»**, hay que **poner los pies en la tierra**, no puedes perder el norte, hay que luchar para seguir lúcidos y conscientes. Algunos de mis pacientes en esos momentos en el que el cerebro los embelesaba con sus ficticias y venenosas interpretaciones de la realidad, de sus problemas…, llegaron a dejar de ser conscientes de dónde estaban, de qué hora era… Eso no puede ocurrir… En esas circunstancias, no hay que darle tanto poder a nuestra mente…

Samuel, que lo estaba escuchando atentamente, respondió:

—Ayer mismo, me puse a darle vueltas a todo… llegó un momento en el que tuve que salir a tomar aire, creía que era primera hora de la tarde… y al abrir la puerta resulta que estaba anocheciendo… Tienes razón, perdí el horizonte temporal.

Héctor continuó diciendo:

—Lo que hiciste de salir a tomar el aire… eso está muy bien, porque realizaste un cortocircuito en el proceso de negatividad y sufrimiento, y para cuando se restableció la electricidad, ya habrías abandonado esa nociva espiral de peligrosos pensamientos, ¿no?

—¡Sí! ¡Me alivió muchísimo! Para cuando volví a casa, estaba mucho más tranquilo. Tenías que haberlo visto… ¡Un crepúsculo espectacular!

—Hiciste bien, ya has aprendido **una herramienta** que puedes usar cuando la necesites, ya tienes **tu guarida secreta**, donde refugiarte la próxima vez que tu mente tergiverse el pasado o intente jugarte una mala pasada, no tienes que esperar otro atardecer como aquel, simplemente puedes revivir lo que viste y sentiste… Te ayudará a desconectar y pasar ese caótico momento de mono emocional.

—Así lo haré —afirmó con contundencia Samuel.

—Otra tarea que debes hacer, tranquilamente, tomándote todo el tiempo que necesites, es **poner adjetivos a tus sentimientos**, es muy útil, esto lo deberíamos hacer todos, **no solo con los sentimientos frustrantes**, sino también con los que nos agradan. Hay que desmontarlos pieza a pieza y estudiarlos minuciosamente; aprenderemos mucho, incluso nos sorprenderemos.

Samuel le interrumpió:

—Recuerdo una vez, cuando tenía casi treinta años, conocí a una chica, salí con ella un par de veces y me enamoré como cuando tienes quince, de una forma sobrenatural. Absolutamente todo en ella me fascinaba, aunque tenía defectos como todos y todas, claro… Había algunos aspectos en su personalidad, incluso en su físico, que hasta entonces no me habían atraído en absoluto, pero aquel estado de enamoramiento ciego me imposibilitó ponderar todo con claridad. Todos mis esfuerzos iban dirigidos a amarla, a agradarla, aunque tuviera que ceder en todo, eso no me costaba ningún esfuerzo, y claro, la agobié, le di demasiado amor. Un chico que acababa de conocer… y me dejó… Ella me dijo que no sentía tanto amor hacia mí como yo hacia ella… claro está que el amor que yo sentía no era un amor consciente, meditado, contrastado…, sino un amor loco, que seguramente no hubiera durado más de unos meses. No sé si ese amor loco podría haber dado lugar a un amor verdadero, no tuve la ocasión de comprobarlo, de saber si sería feliz para siempre a su lado, porque la presión que ejercí sobre ella lo imposibilitó.

A lo que Héctor respondió:

—Si te hubieras mostrado tal cual eres, si hubieras meditado sobre aquellos descontrolados sentimientos que te hacían palpitar y hubieras actuado con madurez en función de una concepción más realista de todos ellos, quizás con el tiempo, poco a poco, ella hubiera sentido algo más por ti… **¡Pero todos cometemos errores!** Lo importante es la lección que aprendemos. Si nos quedamos con el dolor sufrido… y nos recreamos en él, nunca sacaremos el jugo… y caeremos en la misma piedra incontables veces.

»Absolutamente todos tenemos los recursos necesarios y la inteligencia para percibir dónde estamos, dónde queremos estar, qué nos sucede, qué sentimos, definirlo y estudiarlo con objetividad; si lo hacemos, actuaremos de forma distinta, tomaremos las medidas personalizadas a cada situación, a cada emoción. Cuántas veces nos hemos preocupado muchísimo durante días por algo que luego era una insignificancia, y cuántas otras hemos obviado un problema, pensando que se solucionaría solo, y al final se ha ido haciendo cada vez mayor, incluso pudiendo llegar a ser un trauma para nosotros.

»Hemos de ser responsables de nuestra forma de pensar, de cómo definimos los acontecimientos que se suceden en nuestra vida y de nuestra posición y actitudes ante ellos. En función de ello, un mismo hecho puede producir placer y quietud o preocupación y dolor. Samuel, dedica tiempo a definir lo que sientes y por qué lo sientes.

Samuel replicó:

—Yo, cuando Anne se fue…, al principio no lo admití, pensé que se había perdido por el bosque, o cosas así…, pero cuando pasó el tiempo, ya me di cuenta de que me había dejado definitivamente. La idea de que se fuera con un supuesto amante me martirizaba y aún lo hace… Recordé los momentos en los que había estado sola. ¿En qué había fallado para que buscara el amor en otro hombre?, ¿cómo sería?, ¿dónde y cuándo se veían?, etc., porque si no había otro hombre…, si no ha sido así, ¿cómo ha sido? Es muy difícil, no puedo cargar con tantas preguntas sin respuestas que me hago todos los días…

—Otro punto sobre el que tienes que meditar es el de las dudas. Entiendo y soy consciente de tus dudas, del tormento que te ocasionan tantos interrogantes, pero según decía el filósofo suizo Henri Frédéric Amiel: «El hombre que pretende ver todo con claridad antes de decidir, nunca decide».

»No hay que temer a las inseguridades que nos van brotando en la vida, todos pasamos por momentos de insoportables dudas alguna vez, hay que asumirlas, pero como algo temporal, que tiene solución; si te bloquean, no te dejan reaccionar para eliminarlas de tu mente, y hasta que puedas aceptarlas, entenderlas, razonarlas y otorgarles la veracidad que les corresponda, no podrás retomar la lucidez que siempre has disfrutado y no podrás continuar caminando en la dirección que tú elijas llevar libremente. **¡No le tengas miedo a tus miedos!**

»En tu caso, Anne no está contigo, está claro, se fue voluntariamente, tienes que pasar página, aprender a vivir sin ella, quizás conozcas a alguien o quizás no, eso da igual, puedes ser feliz de todas formas. Para cuando vuelva el invierno, ese tema ni se te pasará por la mente. Si te lo propones… y luchas por ti, harás tu vida aquí o en otro sitio, solo o con pareja, eso da igual…, pero será una vida plena. **Confía** en eso…, ¡**créeme!**

—Gracias, te creo, voy a salir de todo esto… No quiero vivir así, eso **ya lo he decidido**, aunque no sé si seré capaz.

—No somos superhumanos, no vivimos para siempre ni somos dioses. En la vida de todos ocurren y ocurrirán dolorosas desgracias; muchas no podremos evitarlas, pero sí que podemos decidir cómo reaccionar ante ellas: **sufriendo**, porque ese dolor se escapa a nuestra concepción, quejándonos y generando pensamientos de culpa hacia nosotros o los demás, o bien solidarizándose con la típica frase «no somos nadie», haciendo un ejercicio de **modestia** y pertenencia a la maravillosa raza humana, y seguidamente **estudiando lo ocurrido** desde ese punto de vista. A veces hay cosas que se escapan a nuestro control, no es bueno darse cabezazos contra la pared, ni tampoco lo es esconderse en el caparazón, lamentándose de tu suerte. Si conoces los motivos de tu dolor, cómo si no, tienes que tener presente el momento en el que sales del mismo, imaginártelo detalladamente, **visualiza ese momento**: ¿qué está ocurriendo?, ¿cómo me siento?, ¿cómo es tu aspecto?, ¿qué estás viendo?, ¿con quién estás? Cuantos más detalles crees, mejor; esa visualización se puede usar para cualquier meta que te plantees, y te ayudará mucho más de lo que crees a lograrla, ya sea para salir de una situación complicada o para lograr alguna mejora que tú quieres en tu vida.

»Como dijo el famoso jugador de baloncesto: **Michael Jordan: «Tienes que esperar cosas de ti mismo antes de hacerlas»**.

»**Si te visualizas lográndolo, generarás esa esperanza, esa confianza en ti mismo, esa «ilusión» que como todo, en su medida, es totalmente necesaria. En cierto modo, la gente que se ilusiona con algo lo que hace es eso, está eufórica porque se siente tal cual se visualizó su momento de éxito, al igual que cuando pudiste comprarte tu primer coche. ¿Cuántas veces te visualizaste con tu propio vehículo? Sin necesidad de acogerte a horarios de medios de transporte públicos a todas horas, teniendo la libertad de movimientos que tanto anhelabas… En mi caso, muchas veces.**

»Tienes que tener la **certeza** de que lo harás, y la voluntad y fuerza para pelear por **poner fin** a tus abrasivos **pensamientos** que han modificado tu forma de ver la vida, creando **emociones** mortificantes que han echado raíces por todo tu ser, pero esas malas hierbas con un buen herbicida, como el que te estoy proporcionando, las aniquilarás para siempre, dejando el terreno limpio, abonado y preparado para **plantar otras emociones** que te serán mucho más fructíferas.

—Gracias, Héctor, así lo creo.

—Y en unos meses no solo lo creerás, sino que lo podrás ver hecho realidad, yo ya te voy conociendo un poco y sé que lo lograrás, y **como todo esfuerzo por mejorar, debe ser recompensado**. ¡Tendrás un premio! Pero cuando corrijas el rumbo de tu vida y mudes, como una serpiente su piel, tus hirientes emociones, por unas nuevas que te hagan recobrar tu dignidad, orgullo y ganas de ser feliz, entonces… haremos un viaje, los dos solos, nos iremos unos días por ahí… ya pensaré dónde.

—¡De acuerdo! ¡Trato hecho, Héctor!

—Bueno, te dejo esto aquí; yo me tengo que marchar, luego te llamo y hablamos, y cuando pueda, vuelvo por aquí.

—De acuerdo.

Samuel acompañó a Héctor hasta la puerta de su coche, y lo despidió con un fuerte apretón de manos.

CAPÍTULO 5: NO HAY EDAD PARA APRENDER

Todo lo que le había dicho Héctor le había calado muy hondo. Se encontraba mucho más seguro y en un estado casi de euforia. Aunque no lo quisiera exteriorizar todavía, tenía más ganas de hacer cosas, se hizo la comida y se sentó a comer frente al televisor, le dio al mando para encenderlo de manera instintiva, como hacía siempre, pero comenzaron a visualizarse en la pantalla imágenes de gente sufriendo en algún remoto país en guerra. Samuel se percató de ello gracias a su nuevo estado de alerta ante posibles pensamientos que lo pudieran dañar, y apagó inmediatamente el aparato; no quería ver nada de eso por ahora, y comió solo alimentos, no ingirió en esta ocasión las ácidas y desgarradoras imágenes a las que estaba acostumbrado. **Aprendió que todo lo que permitimos que entre en nuestro día a día, entra también en nuestros pensamientos y eso afecta antes o después a nuestras emociones.**

Durante esa semana, todos los días dedicaba un buen rato a leer detenidamente lo que Héctor le había redactado, allí estaban expuestas las ideas de las que habían hablado aquella tarde y un último folio con un título llamado «DEBERES» en el que pudo leer lo siguiente:

> Samuel, ya has llegado a los odiosos «deberes», je, je… En primer lugar, debes saber por qué estas donde estás emocionalmente hablando, y no me digas que es porque Anne no está contigo; indaga, investiga en tu subconsciente.
>
> ¡¡Coge un papel y un bolígrafo y ponte ahora mismo a hacerlo!!… Cuando volvamos a vernos, me gustaría leerlo y hablarlo contigo.

Así lo hizo Samuel, preparó un folio y un bolígrafo y continuó leyendo.

Tienes que separar e identificar cada pensamiento, cada emoción que te hace sentirte triste, como cuando se desmonta un motor de un vehículo, pieza a pieza, pero ten cuidado y no te dejes arrastrar por ellos, abrirás tu caja de Pandora emocional de par en par, sé consciente de que estás asumiendo un riesgo; el cerebro puede dibujarte una imagen en tu mente que no es real, pisa con pies de plomo, recuerda que tienes que ser asertivo y realista, son emociones que seguramente muchas más personas estén superando ahora mismo, por lo que no debes dramatizar.

Samuel comenzó a desmontar su torturada mente y escribió todo lo que pudo.

- Me siento rechazado como un trasto inútil que desechó Anne, la que aún es mi mujer y aún amo…, aunque no debiera.

- Siento rechazo por la sociedad, en la que todos van como hienas carroñeras en búsqueda únicamente de satisfacerse a ellos mismos, tanto de información, como los chismosos, o de dinero, como los ladrones (pobres o ricos), o de poder o… de sexo, como los amantes que quitan las mujeres a los que las aman más que a su vida…

- Me siento un cornudo y eso me duele mucho.

- Siento haber permitido que Anne tuviera que ir a buscar el sexo o el amor a otro sitio, aunque en el sexo estaba bien y la amaba con todo mi corazón, pero sería poco para ella. No sé.

- Tengo miedo a morir solo; también, a vivir solo.

- Hay momentos en los que siento que la vida no tiene nada bueno que ofrecerme.

- A veces, pienso que los demás tienen una vida feliz y no se la merecen tanto como yo; por eso, cuando veo a alguien feliz con su pareja, siento envidia y eso me hace sentirme más solo.

La verdad es que lo estaba detallando todo con frialdad, como si estuviera hablando de otra persona. Escribir todo eso no le hizo sentirse nada bien, comenzó por primera vez a desconfiar de los consejos de Héctor, pero le dio una última oportunidad, y continuó leyendo.

Ya has escrito los motivos que te impiden ser feliz; muy pronto, los estudiaremos juntos. Ahora quiero que me escribas cómo te gustaría encontrarte y qué emociones aspiras a tener para un futuro cercano. Al igual que los objetivos que usan las empresas, no puede ser un imposible, ni una insignificancia, escribe dónde te gustaría estar, qué te gustaría estar haciendo, con quién o quiénes, los pensamientos que te gustaría disfrutar, etc.

Samuel realizó los deberes de Héctor, aunque no le hacía mucha ilusión, ni le veía sentido. Expuso sobre el papel lo que le había pedido su mejor y único amigo:

- Me gustaría estar en la playa. Junto a la montaña son los lugares que más me gustan, pero desde que me vine a la cabaña no he vuelto a ir. No he salido de aquí excepto cuando fui a ver a aquel psicólogo — aunque no recuerdo muy bien ese viaje, porque estaba muy hundido y de aquella época no recuerdo gran cosa — y para ir a Jara en contadas ocasiones.
Me veo en la playa, aunque sea el invierno más duro que haya conocido la humanidad… Aunque llueva a cántaros, pero allí estaré oyendo el rugido de las olas golpeando en la orilla de la arena salada y los gritos de las gaviotas revoloteando sobre mí. El murmullo de las olas me relajará mucho y todo el conjunto será un momento de paz para mi

alma, que no sentirá rencor, ni odios, ni remordimientos sobre mí ni sobre nadie.

Me veo erguido delante de ese espectáculo de la naturaleza, tranquilo, sin preocuparme de lo que hagan o tengan los demás, porque yo tendré todo lo que necesito, que será paz interior, alegría y felicidad…, felicidad a raudales.

No sé si la felicidad es algo momentáneo o se define como algo duradero en el tiempo, pero en ese momento seré feliz y estaré contento conmigo mismo, con quien soy y por lo que he logrado superar.

Fortalecido y lleno de vitalidad, comenzaré una nueva vida, valorando todo lo que tengo y dando gracias por ello.

Esta vez, después de hacer este ejercicio, se sintió mucho mejor, pero se dio cuenta de que era necesario asumirlo para poder definir con más detalle el futuro, que hasta ahora no había podido ni imaginar.

Esa meta le comenzó a arrastrar, era como si el futuro que acababa de imaginarse lo atrajera, remolcándolo hacia él, de forma que solo debía dejarse llevar sin dejar de mirarlo para no perder el rumbo a seguir.

Pasaron un par de días, y Héctor le hizo una visita sorpresa, eran las seis de la tarde cuando Samuel vio a Héctor acercarse a la casa con unos libros bajo el brazo, le abrió rápidamente y lo recibió con una sonrisa, que a Héctor le alegró el día.

—Hola, Samuel, ¿qué tal va todo?

—¡Buenas tardes, Héctor!

—Qué buena pinta tienes hoy.

—Gracias, ¿quieres tomar algo? —dijo Samuel.

—No, solo he venido para que me dé un poco el aire… Estaba en casa pintándole a mi madre una mesa y, cuando terminé, pensé que aquí arriba el aire debería correr más limpio y fresco… Además, te he traído un par de libros que tratan de jardines y tal; luego les echas un vistazo.

—Muy bien…

—¿Por qué no sacas un par de sillas afuera y nos sentamos? —pronunció Héctor.

—Claro, ¡eso está hecho!

Héctor cogió las dos sillas y le pidió a Samuel que llevara los apuntes que le había dejado.

—Puff. Aquí se está genial —resopló Héctor—. A ver, dame los deberes. ¡Espero que los hayas hecho!

Ja, ja… Ambos rieron.

Héctor leyó los sentimientos más escondidos de Samuel, y continuó diciendo:

—En cuanto a tu futuro… yo no me habría imaginado uno tan genial ni para mí. Esas emociones que pretendes vivir en tu futuro van a ser tu brújula, que te irán guiando indicándote los caminos correctos y los que no lo son. Debes codiciar ese futuro.

»Recuerdo que me dijiste un día: «Querer es poder», pero yo diría más bien: «CODICIAR ES PODER». No basta con querer hacerlo, no es suficiente, hay que poner en ello todo tu ímpetu y pasión. Hay que ilusionarse y verlo conseguido antes de hacerlo, pero sin irnos a un mundo imaginario, sino trabajando día a día sobre pequeñas metas plausibles.

»En cuanto a tu presente, hay muchos sentimientos que tienes que eliminar. Al igual que un escultor, tienes que sacar el cincel y el martillo e ir rechazando todo lo que no quieres que forme parte de tu escultura.

»Una vez le preguntaron al escultor Miguel Ángel cómo había podido crear la estatua de David tan maravillosa de un solo bloque de mármol. Y así respondió: «**David estaba dentro de ese bloque. Yo tan solo quité lo que sobraba**».

»Te cuento: en primer lugar, no has sido rechazado; aún no sabes con certeza qué ha ocurrido exactamente ni eso te debe preocupar. Si Anne se fue sola o con alguien… eso da igual… A veces, un rechazo puede ser una liberación, porque las fuerzas desconocidas que hicieron que se fuera… de no haberlo hecho, seguramente de una u otra forma, te hubieran estallado en la cara.

»El rechazo que sientes por los que roban o quitan mujeres a otros, como has escrito…, nos pasa a todos. No conozco a nadie que no sienta rechazo contra un político corrupto o contra alguien que abusa de su autoridad. Pero eso no quiere decir que porque haya gente mala no hay personas excepcionales… La sociedad es eso… un conjunto de personas, buenas y malas; no puedes permitirte que tu mente te impida sociabilizar, porque lo que estarás haciendo es prohibirte tu libertad por culpa de los «malos de la película», no les des más poder… que ya tienen demasiado. No es cosa que se logre en un día, pero no mires a la gente con una lente de maldad intrínseca, sino con objetividad. En todo eso influyen los medios de comunicación. ¿Cuántas personas has visto en la tele haciendo el bien… ayudando altruistamente a los más necesitados? ¿Y cuántos has visto devastando y machacando a los indefensos, tanto física como moralmente? ¿Muchos más, no?

»¿Cornudo dices? Je, je…, si tú supieras cuántos lo son y no lo saben… Creo recordar que hicieron una encuesta anónima, y había muchísimas personas que eran infieles o lo habían sido y nunca habían dicho nada a su pareja… Intenta no pensar en eso de esa forma… Si te recreas en esos pensamientos, el único que pierde eres tú. Dale importancia a tus sentimientos y cuida de que no se manchen con pensamientos como esos.

»La vida tiene mil cosas buenas que ofrecerte: para mí la más importante es la libertad, aunque disfruto muchísimo de otras muchas cosas como la naturaleza, un buen libro, etc. Para sacar partido de todas ellas, solo tienes que empezar de nuevo, cambiar en primer lugar tus erróneos pensamientos, ir uno a uno desmembrándolos para posteriormente analizarlos con frialdad; si lo piensas bien, cada uno de esos mortificantes pensamientos son rebatibles. Para ser feliz, no necesitas vivir con una mujer, ni estar enamorado ni… nada. Solo necesitas darte permiso para entrar en tu propia mente, desechar lo que sobre para poner en su lugar otros pensamientos más positivos y alegres, que te ayudarán a crecer como persona, a superarte y subir otro peldaño de madurez.

—¿Madurez? Ja, ja, ja…, chaval. ¡Mira a quién tienes delante! ¿Ese discurso te lo aprendiste cuando trabajabas con pacientes quinceañeros?

—Nooo… Hasta el último instante de tu existencia puedes madurar, si te das permiso para hacerlo, y eso te llevará a una realización como persona que ni te imaginas, pero de eso ya hablaremos otro día…

Llegó la noche y seguían dialogando sobre lo que le preocupaba a Samuel, y cómo podría neutralizar esos miedos. El tiempo pasó tan rápido que para cuando Héctor se dio cuenta, era ya de madrugada; fue entonces cuando volvió a casa.

CAPÍTULO 6: 5 DE ABRIL, UN DÍA PARA EL RECUERDO

Era 5 de abril, el sol pronto comenzaría a mostrarse, como era de esperar por todos los mortales, pero Samuel lo estaba esperando, como cuando esperas a un amigo para pasar un rato divertido. Sentado en una silla en el terreno donde estaría su futuro jardín, ansioso por ver cómo rompía el horizonte con su imponente silueta, cómo comenzaba a otorgar brillantez a los pinares poco a poco, hasta que todo quedara al descubierto, libre ya de la oscuridad de la noche, obsequiándonos con todo su poder.

Cuando el amanecer hizo acto de presencia ante él, sintió una unión con la naturaleza que traspasaba lo terrenal, y confirmó su fe, que tenía olvidada en el cajón de la desesperanza.

«¡Qué creación más maravillosa has puesto en nuestras manos, Señor! No entenderé nunca por qué en las nuestras, porque somos…, bueno, ya sabes…».

Aquel primaveral 5 de abril su fe se instaló de nuevo en su corazón, en el lugar que había ocupado siempre, y tenía ganas de celebrarlo. En aquella recóndita zona, no había ningún buen restaurante para ir a comer, pero se las apañó para cocinar un suculento y dorado pollo asado con pimientos, y uno de sus bizcochos de postre. Después de comer, no se acostó en el sofá, sino que cogió su destartalado coche dorado y fue al pueblo, preguntó a un señor y en un instante se encontró frente a la puerta de Héctor, tocando el timbre (aquella casa sí que tenía timbre) y al momento salió este a abrir.

—¡Samuel! ¡Qué alegría verte aquí!

—Bueno, estaba aburrido y tenía que comprar donde Flora. —«Una pequeña mentirijilla no hacía mal a nadie», pensó Samuel.

—Pero pasa, pasa…

—Bueno.

Se sentaron en su salón y en cuanto se quiso dar cuenta Samuel, Héctor ya tenía sendas tazas de café sobre la mesa, y una suculenta cajita de pastas de té.

Ambos merendaron tranquilamente, Héctor le contó sus peripecias como parado en búsqueda de oficio, y Samuel lo escuchaba atentamente, le hacía gracia hasta cómo explicaba cuando lo desechaban de todas las entrevistas:

—He ido a entrevistas que pedían un joven menor de treinta por no sé qué subvención que les daban o por el tipo de contrato que podrían hacerles, en otras les daba igual mi edad (que solo tengo cuarenta y un añitos, eh), pero eran todas ofertas engañosas y sueldos… que si te descuidas les tienes que pagar a ellos; recuerdo una entrevista que en teoría era para administrativo y lo que me ofrecieron era algo a comisión o algo así. Seguramente, alguna estafa piramidal de esas…, je, je; además, al sueldo lo llamaron «beca». ¡Ni más ni menos que trescientos eurazos! Y eso estaba en Barcelona; pensé: «¿Que me van a dar una beca a estas alturas del cuento?». Le dije al entrevistador que me interesaba, pero me encontraba indispuesto; me indicó dónde estaba el baño, que por cierto era comunitario y estaba en el pasillo compartido con otras cutres oficinas… Total, que me estará esperando aún con su suculenta beca de trescientos euros».

—Héctor, hiciste bien. ¡¡¡Claro que sí!!

Después de pasar un ameno rato en su casa, Héctor le preguntó:

—¿Y ahora qué hacemos? ¿Conoces el pueblo?

—Pues sí, lo suficiente, la iglesia es lo único que no he visto por dentro.

—Pues a estas horas de la tarde, seguro que está abierta, y le presento a Guillermo, el párroco que tenemos, es un muchacho joven; a mí me cae muy bien.

—Recuerdo una simpática historia que me contó una vez; seguramente la has oído alguna vez…, pero te la cuento: resulta que había un hombre muy creyente muy creyente que estaba bañándose en el mar; sin darse cuenta, se adentró demasiado y para cuando se percató de la distancia con la orilla, las fuertes corrientes marinas lo estaban zarandeando y engullendo; entonces vociferó: «¡Señor, Señor…, no dejes que me ahogue, sálvame!». Poco después se pasó por allí un pescador con una lancha, le invitó a subir, pero le dijo: «No, no, Dios vendrá a salvarme…». Después, pasó el socorrista de la playa con un salvavidas… No quiso que lo salvara; le volvió a decir que estaba esperando a Dios que bajara a salvarlo, y siguió pidiéndole a Dios que lo salvara… Total, que lógicamente se ahogó y cuando llegó al cielo le dijo a Dios: «¿¡¡¡Cómo has dejado que muera!!!?». A lo que Dios contestó: «¿Y el pescador?, ¿y el socorrista que te he mandado? ¡¡¡Si los has espantado a todos!!!».

»Ya sabes, en este mundo hay que luchar por lo que uno quiere. Ya te lo he dicho antes, pero conviene que te lo repitas en tu cabeza de vez en cuando… y tú estás preparado no solo para luchar, sino también para ganar la batalla.

—Gracias, Héctor, lucharé… Ya lo estoy haciendo gracias a tu ayuda.

—De nada.

—Me acabo de acordar de un chiste también del cielo… Era un anciano, que vivía solo y una noche se puso muy malo y se le apareció San Pedro en su habitación, y le dijo: «Vengo a llevarte al cielo, para que dejes de sufrir; allí estarás muy bien, no sentirás dolor, y estarás rodeado de tus seres queridos, que te están esperando». A lo que el anciano le respondió sin pensar: «Muchas gracias, San Pedro, me encantaría ir al cielo; seguro que allí todo es paz y se está genial, pero…, como en casa de uno… Dígales a todos que esperen un poquito más, por favor».

—Ja, ja, muy bueno.

—Vámonos entonces, ¿no?, y ya después de ver la
iglesia me vuelvo a casa; no quiero llegar muy tarde.

Llegaron a la iglesia y efectivamente estaba allí don
Guillermo, como lo llamaban en el pueblo, era un muchacho
joven de unos veintiocho años, alto y corpulento, moreno, de
pelo corto y unas facciones corrientes, llevaba su camisa negra
y su alzacuello blanco; aunque la imagen era muy clásica, su
rostro despilfarraba juventud, ilusión, empatía y ganas de
vivir.

Héctor se lo presentó y Samuel le echó la mano
cortésmente. Tuvieron una conversación estándar y breve,
Guillermo se puso a su disposición por si necesitaba cualquier
cosa, Samuel se lo agradeció. Se disponían a irse cuando
aprovechando un momento en el que no lo oía Héctor, le
preguntó en voz baja si lo podría confesar. Guillermo accedió
encantado, y le indicó que podían pasar a la sacristía porque
allí estarían solos. Samuel se acercó a la puerta, donde estaba
Héctor y le dijo que lo esperara fuera un minuto, porque tenía
que comentarle una cosa a Guillermo.

Caminó hacia esa pequeña habitación que había en un
lateral de la ermita, Guillermo ya estaba dentro, sentado en
una silla, esperándolo; al entrar a esa minúscula habitación, le
inundó una sensación de paz, olía a incienso, un olor que a
Samuel le encantaba, y no se oía ni un ruido, y eso que la
ventana de aquella sacristía que daba a la plaza de San Juan
no era muy moderna, y se notaba que no ajustaba muy bien.
Antes de sentarse al lado de Guillermo, su mirada se detuvo
en un cuadro con un mensaje que decía: *El buen pastor busca la
oveja perdida.*

—Ave María Purísima.

—Sin pecado concebida.

—He pecado, padre. He pecado contra el templo de Dios, que es mi propio cuerpo, porque a raíz de un abandono por parte de mi mujer, me dejé por completo y no me esforcé lo necesario para superarlo, caí en lo más profundo donde se puede caer, nada me animaba, en muchas ocasiones no valoré ni mi propia vida, yo sé que Dios quiere que seamos felices, pero a veces nos pone unas cruces en nuestro camino demasiado pesadas… y mis fuerzas ya no son lo que eran… He estado separado del Padre desde que me dejó mi mujer hace un año y tres meses aproximadamente… Últimamente he tenido unos momentos como de revelación, no sé si es porque Héctor me está haciendo ver el valor de la vida, o por qué… no lo sé…, pero hoy ha sido más fuerte. Cuando estaba viendo el amanecer, he sentido una ardiente necesidad de volver a creer, sigo aún sufriendo por mi pérdida, mi mujer era mi vida, no tengo ni familiares ni amigos…, me refiero a los de verdad…, a los que puedes acudir en un caso así…

»Ahora comienzo un camino hacia mi persona, y me gustaría hacerlo también borrando todos los pecados que arrastraba, una puesta a cero en los contadores de mi vida… en todos los sentidos.

Guillermo, que aguardaba hasta que terminó de hablar, le respondió:

—Bien, hijo, es muy gratificante la sinceridad con la que acudes a la confesión. Muchos acuden a ella como un mero trámite, pero no abren su corazón de par en par, para que Dios pueda entrar verdaderamente…

»Has de saber, Samuel, que todo esto que te ocurre es una mano que te tiende Dios para sacarte de esta situación en la que te hallas. Los avatares de la vida, nuestro egoísmo, e incluso las personas que más queremos nos llevan a situaciones en las que parece que todo está perdido. Pero es precisamente ahí donde Dios, seducido por nuestra indigencia, sale a nuestro encuentro.

»Quizás hayas escuchado decir a alguien cercano al que quieres, que eres muy valioso para él, que te ama como eres, con tus defectos y virtudes, tal cual, y que su vida sin ti carecería de una pieza fundamental. Pues has de saber que para Dios tú eres esa pieza fundamental sin la que su existencia carecería de algo muy importante: eres una pieza muy valiosa, objeto de todo su amor, un amor que te ama como eres; es más, que te ama por lo que eres… Así es este Padre del que hablas y del que muchas veces no nos acordamos más que cuando nos vemos en algún atolladero.

»Si esto es así, y ciertamente lo es, la vida vale la pena, ¿no crees?

»Tienes que seguir hacia adelante sin ningún temor, a pesar de que la cruz sea pesada, en ocasiones casi insoportable… Nunca dudes, querido amigo, que con tu cruz no estás solo, junto a ti están otros muchos que como tú han llevado sus cruces, parecidas, a veces mucho más grandes y pesadas que la que tú llevas ahora y que te parece inabarcable; antes que tú la llevó también Jesucristo… Y estando Él, ¿qué habremos de temer?… Lo importante no es la cruz, sino lo que se esconde tras ella: el amor.

»Nunca te faltarán las fuerzas, siempre habrá motivos para seguir caminando, aunque ahora mismo no los veas porque te envuelven oscuros nubarrones, pero detrás de ellos luce la alegre luz del sol. El sol siempre está, lo único que hemos de hacer es esperar que pasen los nublados.

»Me gustaría citarte una frase de Galileo Galilei, que, por cierto, se presenta normalmente como ejemplo de conflicto entre la religión y la ciencia… Hace algunos años, oír a un cura citándolo sería un escándalo de tirada nacional, pero ahora… y aprovechando que no nos oye nadie… —Guillermo profirió una amable y cómplice sonrisa irónica y prosiguió—: Galileo Galilei decía: «El sol, a cuyo alrededor giran tantos planetas, no se olvida de madurar un racimo de uvas». Y la Biblia, Evangelio según San Mateo, cap. 1. 23, dice así: «La Virgen concebirá y dará a luz un hijo a quien pondrán el nombre de Emanuel», que traducido significa: «Dios con nosotros»».

»Ese «Dios con nosotros» no se refería a… «con nosotros» durante treinta y tres años, sino por toda la eternidad. Jesús está presente en la vida de todos y cada uno de nosotros, solo hay que querer… para notar su presencia cerca. Aunque estadísticamente seamos un insignificante ser humano más, entre los miles de millones que habitan este planeta, Dios nos ofrece todo su calor, todo su amor, a nosotros… a ti, Samuel, como el sol a un anodino racimo de uvas.

»La vida es algo precioso, el mayor don que nos han dado y merece la pena vivirse a tope, porque es tu vida, la única que tienes… Se nos ha dado un tesoro inmenso y hemos de cuidarlo y apreciarlo… No temas… ¿No crees que vale la pena seguir amando?

»Como penitencia de esta confesión, quiero que te pares delante de la imagen de Jesús crucificado, que observes detenidamente, y te preguntes si realmente crees que nadie te ama y si no merece la pena vivir la vida amando… ¿Entiendes?

Samuel salió de la minúscula sacristía, meditó durante un leve pero intenso momento frente a la imagen de Jesús crucificado, se santiguó ante al sagrario y continuó caminando sosegadamente hasta la calle. La confesión le había perdonado, pero también liberado del peso de su pasado. Se reunió con Héctor y fueron a su casa, donde Samuel había dejado su coche. Tras unos minutos conversando, partió hacia la cabaña. Héctor le dijo que en unos días lo llamaría, y le comentó:

—Ah, Samuel, me acabo de acordar de un par de frases que te voy a regalar para que las medites de camino a casa, del **doctor Santiago Ramón y Cajal: «Todo hombre puede ser, si se lo propone, escultor de su propio cerebro». «Las ideas no duran mucho. Hay que hacer algo con ellas».**

»Yo añadiría: igualmente… si se lo propone… escultor de sus sentimientos. Y… ya sabes, hay que poner en práctica las buenas ideas… para que seas más alegre y jovial (da igual la edad que tengas); dentro de poco, todo esto habrá sido una pesadilla, y podrás disfrutar de la vida y todos los regalos que, día a día, nos ofrece.

—¡¡Que tengas un buen viaje!! Conduce con cuidado.

—Muy buenas las citas esas… ¡Hasta pronto!

CAPÍTULO 7: MADURA HASTA QUE DEJES DE SOÑAR, PORQUE PARA ENTONCES YA ESTARÁS MUERTO

Pasaron unos meses, el mes de mayo ya estaba a punto de terminar, Héctor y Samuel se llamaban a menudo y hablaban de todo un poco. La primavera estaba haciendo que floreciera la paz interior en Samuel, las incógnitas ya no lo asolaban a todas horas, aunque no habían desaparecido aún. Un día, Héctor le dijo a Samuel que tenía ganas de dar un largo paseo por el bosque. A Samuel le gustó la idea, y quedaron para salir a andar al día siguiente y pasaron unas horas hasta que ese momento llegó.

Aquella mañana, un 27 de mayo, Samuel había madrugado para preparar un suculento almuerzo. A las ocho de la mañana, llegó Héctor y ambos salieron a dar un entretenido paseo por el espeso bosque que conquistaba la zona, el paisaje era idílico, Samuel lo conocía bien, pero Héctor, que no había estado por allí antes, no dejaba de asombrarse por la perfección de la naturaleza que moraba allí, los enormes pinos silvestres capitaneaban el paisaje, difuminando todo con su verdor vivo y su fragancia fresca y agradable, seguidos por las encinas y fresnos. Había zonas en las que las papilas olfativas eran embelesadas por el característico aroma melífero que desprendían los arbustos de romero con sus flores, azul violeta pálido, que en esta época del año, ya bien entrada la primavera, estaban en plena efervescencia.

Un pequeño riachuelo merodeaba por allí. Al llegar al mismo, Héctor observó cómo los pinos habían incorporado una actitud sinérgica con él, ya que sus raíces sujetaban la tierra para que pudiera correr el agua cristalina, que al tenerla aledaña alimentaría y daría más vitalidad a los empinados árboles.

Cruzaron el pequeño arroyo sin dificultad, y continuaron su camino, Héctor siempre detrás de Samuel, que se movía por allí como pez en el agua. El canto grave de los mirlos los acompañaba; cuando el terreno se volvió un poco más escarpado, Samuel subía a una marcha que a Héctor le estaba siendo complicado seguir, tenía que ir agarrándose a los troncos de los árboles para continuar, miraba hacia arriba y se tranquilizaba en parte, ya que esa pequeña colina no era muy alta y pronto llegarían a su cima. Cuando estaba a punto de pedir una tregua, Samuel se volvió, miró a Héctor, que subía respirando por la boca de forma profunda, y le dijo mientras mantenía una respiración acelerada:

—¡Vamos, amigo! ¡Estamos muy cerca de donde quiero llevarte! ¡Allí! —pronunció señalando la pequeña cima que Héctor tenía como objetivo desde hace un rato.

—¡El paisaje y las vistas, ya verás. Merecerán la pena!

Héctor aprovechó la parada de Samuel para intentar coger todo el aire que pudo, la boca hacía ya un buen trecho que no la había podido cerrar, pero aun así se sentía entusiasmado, y como pudo le respondió:

—Si queda poco, vamos a seguir…, y ya descansamos allí arriba.

Continuaron con su subida, y en veinte minutos estaban en su meta. No era el pico más alto del mundo, ni siquiera de aquel bosque, pero a Samuel y sobre todo a Héctor así se lo pareció. Una sensación placentera y gratificante recorrió todo su cuerpo, desde los dedos de los pies hasta el último pelo de su cabeza.

Llenaron sus pulmones de aquel aire puro y se dispusieron a observar el paisaje. Héctor quedó anonadado, se veía gran parte del frondoso y espeso bosque, luciendo todas sus tonalidades de intenso verde entrelazado con pinceladas aleatorias de amarillo; revoloteaban a lo lejos distintas especies de pájaros. De forma fugaz, llamó su atención el elegante vuelo del ave más imponente de aquel ecosistema, una enorme águila real, de color marrón oscuro, que planeaba en búsqueda de su almuerzo, mientras emitía su chillido característico.

Posteriormente, alzó un poco su mirada y descubrió un cielo despejado, de un azul cerúleo, brillante, con matices verdosos, que recubría aquel refrescante paisaje de una forma inimaginable y sumamente delicada, como si fuera un papel de seda resplandeciente, envolviendo aquel preciado regalo.

Samuel preparó un par de piedras y se sentaron, sacó de su mochila unos bocadillos y se dispusieron a comérselos. Héctor pensó que aquel lugar tan maravilloso rodeado de la naturaleza era el idóneo para tener una conversación con Samuel sobre un asunto para el que ya estaba preparado. Y cuando terminaron de almorzar, comenzó:

—Samuel, no me has dicho nada sobre aquellos dolores de cabeza que tenías. ¿Cómo vas?

—Genial, la verdad que me están dando un respiro, hace mucho que no he vuelto a tenerlos, es una maravilla. Estoy mucho mejor; gracias por preguntar.

—De nada.

—Samuel, has pasado en tu vida muchos meses negros de dolor, físico y psicológico, ahora soy consciente de que ese dolor se ha mitigado, aunque sea en parte; en cuanto al psicológico, te veo más optimista, pero no te relajes… porque tu mente aún puede jugarte una mala pasada. Recuerdo cuando dejé de fumar, hace más de cuatro años. Tomé la decisión de dejar de fumar muchísimas veces, pero con el tiempo no podía hacerlo o, en este caso, dejar de hacerlo. Recuerdo que cuando tomé la decisión, convencido de verdad, lo dejé, pasaron tres meses más o menos sin un cigarrillo y un día lo vi claro. Aquella decisión de cambio en mi vida, que había tomado y luchado…, ya había dado frutos, el cambio ya se había producido, me encontraba como nuevo, lo notaba en muchas situaciones de mi vida: las toses, los ahogos al subir escaleras, la falta de olfato, etc. Habían desaparecido junto con todos los miedos que tenía por ser fumador, y ya no volvería a fumar nunca más, y mira…, aquí estoy, disfrutando de este aroma a naturaleza viva… y sin ese temor que tenía a morir por cáncer o infarto de forma repentina. Tomar una decisión sobre tu vida no es lo difícil, lo difícil es tener la fuerza y coraje como para llevarla a cabo felizmente, evadiendo los temores y estando predispuesto y convencido de que ese cambio es lo que tú quieres en tu nueva vida; utiliza tu coraje para dirigir tu alma y que llegue a buen puerto, donde seas feliz.

»Nelson Mandela decía: «Aprendí que el coraje no era la ausencia de miedo, sino el triunfo sobre él. El valiente no es quien no siente miedo, sino aquel que conquista ese miedo». También nombraba estos versos finales del poema «Invictus» de William Ernest Henley, escritos en 1875.

No importa cuán estrecha sea la puerta,
cuán cargada de castigos la sentencia,
soy el amo de mi destino,
soy el capitán de mi alma.

»**Ser un infeliz pusilánime es mucho más fácil que ser feliz**, eso salta a la vista de cualquiera.

»Ser un infeliz es como una enfermedad, como una dolencia, y como tal, tenemos que tratarla, aunque en este caso, normalmente no saben ni por qué están enfermos ni con qué medicamentos se pueden sanar. Al igual que hay alimentos que te pueden provocar una patología física, hay emociones que también pueden perjudicarte; yo las llamo «emociones venenosas».

—Pero, ¿y si hubiera unas «vitaminas mágicas» que evitarán en gran medida que llegues a ser un desdichado?

—¡Las hay! Se llaman «**ilusiones**», con una dosificación de una toma al día será suficiente. Pueden ser *hobbies*, como dar un paseo por el campo, como este, **todos tenemos el potencial para poder ser unos «ilusos» y debemos incentivar esa faceta.** Te recuerdo la definición de «iluso» de la Real Academia Española:

«iluso, sa».
«(Del lat. illūsus, part. pas. de illudĕre, burlar).
1. adj. Engañado, seducido. U. t. c. s.
2. adj. Propenso a ilusionarse, soñador. U. t. c. s.».

»Ya te habrás imaginado que me refiero a la segunda definición, je, je.

»Si estás ilusionado, si añades la ilusión y tus sueños a tu día a día, no tardarás en notar el cambio. La gente también se dará cuenta inmediatamente, pero habrá muchos que no apuesten por ti, porque prefieren tener una vida cómoda, tranquila; este tipo de gente piensa que quien se ilusiona arriesga, porque puede que en vez de lograrlo, obtengan dolor y frustración. ¡Pero eso nos demuestra que ellos ya están frustrados cuando lo piensan! Por lo que le tienen miedo a un cambio que les puede llevar, <u>a las malas</u>, a la misma situación en la que están ahora mismo… es ilógico…, pero es así.

»Henry Ford decía: **«Tanto si crees que puedes como si crees que no puedes, estás en lo cierto».** Y ahora digo yo: lo **Imposible** es *I'm possible* (Yo soy posible, en inglés).

»A no ser que seas un chulete engreído y presuntuoso, lo que no te traerá nada bueno, tenemos que valorarnos más, para acercarnos a nuestro valor real como seres humanos; es facilísimo caer en el menosprecio de nuestras capacidades potenciales. Lo que requiere esfuerzo es sacar lo bueno que tenemos dentro; en la sociedad de hoy, más aún, ya que nos están intentando doblegar en todo momento. Ya desde el colegio, donde te pueden discriminar tan solo porque no corras tan rápido como el resto o por tu aspecto físico.

»Luego crecemos y… con suerte, si pasamos alguna entrevista, entramos a trabajar a una empresa donde además de someternos y controlarnos, pueden obviar nuestro potencial e impedirnos ascender aunque seamos el mejor trabajador, pasando por alto nuestras ideas para mejorar la empresa, y si tienes suerte y te escuchan, pues si la idea es mala o no les gusta, directamente te dicen que es una tontería y que estás equivocado.

»Ahora, que si la idea es brillante, si tu creatividad es extraordinaria, tu astuto jefe, que ha llegado allí quizás por su malicia más que por sus capacidades, o bien te esconderá en las profundidades del organigrama para que no le hagas sombra y así irte sacando esas ideas de forma gratuita para después apropiárselas, o bien la dejará pasar, quizás por no tener que dar explicaciones a su superior sobre por qué una idea tan espléndida ha tenido que salir del último peldaño de la empresa.

»Si necesitamos ese trabajo, no nos queda más remedio que seguir adelante, pero con cuidado de no perder nuestros objetivos personales de vista. Que pueden ser distintos según la persona, pero todos culminarán en la autorrealización, según explicaba Maslow (1), que para mí está muy ligada a la madurez, porque la autorrealización es llegar a tal grado de madurez que podamos vencer los problemas que la vida nos va poniendo en nuestro camino, con inteligencia, y siendo conscientes de nuestras limitaciones, así como de nuestras capacidades, y estando alerta en todo momento para evitar que algún infortunio que nos quiera abordar llegue a lograrlo, así como de no dejar pasar ocasiones de poder triunfar o lograr nuestras metas.

El psicólogo estadounidense Abraham Maslow publicó en el año 1943 su teoría psicológica sobre la jerarquía de las necesidades humanas, poniendo las necesidades en una pirámide, donde en la parte más baja se encontraban las necesidades más básicas, como comer por ejemplo, y según se iban cubriendo unas se pasaba a cubrir las de más arriba; después de las básicas, se deberían cubrir las de seguridad y protección, como la integridad física; en el siguiente nivel, las necesidades sociales, como por ejemplo la amistad y la pareja; en el cuarto nivel, las de autoestima, o sea, el reconocimiento, y tras cubrir las anteriores, en el culmen de la pirámide, las de autorrealización o motivación de crecimiento o también llamadas por Maslow, necesidades de ser (B-Needs), que es llegar a nuestra plenitud, desarrollar todo nuestro potencial, «ser quien sabes que puedes llegar a ser»; según Maslow, tan solo un 2 % llegaba a ese estado.

—Una persona madura sabrá aguantar las embestidas con coraje, y relativizar. Si su jefe le ha quitado una idea brillante, por ejemplo, no se hundirá en la desesperación y el odio que lo corroerá de día y de noche; todo lo contrario se vendrá arriba, porque ha descubierto que tiene una creatividad que sobresale del resto, y que debe seguir desarrollando, con el fin de que algún día obtenga frutos de ella, en su actual empresa o en otra, nunca se sabe…

»Los que se desilusionan tienen unas expectativas que no son las correctas; si tus sueños, esperanzas y objetivos en la vida no son acertados, nunca serás feliz. Estoy seguro de que si nos vamos a la calle y preguntamos: «¿Cuál es tu mayor sueño?», la gente respondería momentos costosos económicamente, por ejemplo: viajar por todo el mundo, que les toque la lotería para no tener que trabajar nunca más, etc.

»Ahora, dime cuáles han sido los dos o tres momentos más felices de tu vida. Samuel, piénsatelo, tómate tu tiempo, medita bien la respuesta.

Samuel reflexionó y tras unos instantes respondió:

—Sin lugar a dudas, recuerdo el momento en que besé por primera vez a Anne como el más feliz de mi vida, fue en un coche, ja, ja…, un poco típico, pero bueno…, para mí fue el momento más feliz de mi existencia.

—¿Y otro de antes de conocerla?

—Umm. Cuando mi padre me llevaba al Rastro algún domingo. A mí me gustan los trastos antiguos, allí me lo pasaba genial, íbamos a tomar chocolate con porras a primera hora, y después paseábamos toda la mañana por el rastro; mi padre siempre me compraba alguna cosita que me gustara previa negociación, porque era buenísimo regateando; de él saqué mis dotes comerciales, je, je, y volvíamos a casa a comer, nos habríamos gastado unas mil pesetas de las de antes, unos seis euros de ahora, pero era más feliz que si me hubiera llevado a Disneyland en California.

A continuación de decir eso, Samuel quedó unos segundos pensativo y dijo:

—Cuando vivía en Madrid, recuerdo ver por el parque a niños y niñas con juguetes carísimos, consolas de última generación, coches como los de verdad, pero en pequeño, etc., y en un banco sus niñeras, hablando por el móvil con su novio seguramente, y los niños con esos juguetes carísimos no tenían la misma alegría ni chispa que tendría yo a su edad, cuando me iba con mi padre por ahí… Se les veía sin chispa…, acababan sentados en el suelo, sin despegar los ojos de sus carísimas consolas… hasta que la niñera los llevaba de vuelta a casa para darles de cenar.

Héctor continuó:

—Es cierto, no hacen falta caprichos caros para ser feliz; es más, aunque logres esos sueños basados en acumular riquezas…, te seguirás arrepintiendo de algo, y no te sentirás más feliz… Incluso puede que te sientas más desdichado y la codicia te haga sentir más pobre que antes. Como dice el refrán: «**Era tan pobre, tan pobre… que solo tenía dinero**».

»Si tienes mucho de lo que arrepentirte, es fácil que aumente tu temor injustificado a la muerte; si tus sueños son verdaderos y plausibles, los lograrás y vivirás más tranquilo y reconfortado contigo mismo.

»Hablo de sueños como, por ejemplo, un *hobby*, ir a un museo, tomar algo con un amigo, apuntarte a un curso de algo que te guste… o… quizás tu sueño sea perdonar a alguien que te ha hecho daño y no has podido hacerlo aún…, mil cosas… Cada uno debe elegir los suyos acertadamente y nunca perderlos de vista.

»Es más…, **los caprichos, al contrario que los sueños, devoran la madurez** de la que te hablé el otro día.

Samuel dijo sonriendo con una mirada irónica:

—No me digas que ahora me vas a explicar en qué consiste madurar. Te has empeñado en que madure… ¿Es que me ves inmaduro? ¿Acaso ves acné en mi rostro? ¿O soy como un nene caprichoso? Je, je…, porque yo no me veo así —sentenció Samuel.

Héctor comenzó a explicarse:

—Je, je…, ¡nooo! No creo que seas inmaduro ni caprichoso, pero creo que lo que te voy a decir sobre la madurez te puede sorprender; dame unos minutos y luego me cuentas.

—No, Héctor, era broma, yo sé que tú me hablas de madurar, porque quizás tengas un punto de vista sobre el tema que yo desconozco… y… a estas alturas, que ya te voy conociendo, te tengo que decir que hasta tengo interés en saber qué es para ti eso de madurar…

—Bien, te cuento. **Madurar es quedarse con la esencia de la «verdadera» felicidad,** ir **filtrando,** gota a gota, nuestras **experiencias** vividas día a día e ir cogiendo y dejando cosas, como por ejemplo: amigos y amigas, novios o novias, trabajos, *hobbies*, necesidades económicas, sociales, etc., y también **emociones,** claro está…; quizás, tu definición de madurez es algo parecido, ¿no?

—Sí, bueno, madurar, para mí, es aprender sobre la vida, normalmente a base de palos, conocer dónde terminará un camino antes de tomarlo, y así evitarte más caídas… Según vas cumpliendo años, vas aprendiendo qué caminos no se deben tomar; eso es la madurez para mí.

—Has acertado, pero es una definición que obvia lo más importante, que ahora te explicaré. Además, según un dicho de un señor desconocido: «**envejecer es inevitable, pero madurar es opcional**». Si una persona deja que su vida transcurra evitando las incomodidades o el dolor en todo momento, sin afrontar sus conflictos, nunca madurará, deambulará por este mundo quejándose de su mala suerte, y culpando a todo y a todos de la misma.

»Es inevitable que en un momento u otro esos conflictos nos acechen, los hay de muchos tipos: los causados por interpretaciones erróneas, por estereotipos, por falta de información ante una decisión, por desconfianzas, por falsas culpabilidades, incluso por el estrés causado por este mundo tan exigente.

»Hay que evitar cometer los típicos errores: quizás no tengan todos la solución que nosotros pensamos. A veces superamos alguno y nos seguimos sintiendo mal, sin premiarnos con el aprendizaje correspondiente; otras veces, necesitamos ayuda externa para superarlo y no la pedimos, quizás porque pensamos que solo por tener equis años ya no tenemos que depender de nadie.

»Todos los que tienen una edad avanzada no tienen por qué haber madurado. Madurar **no es un regalo de la vida por cumplir años. como pueden ser las canas…, sino que es un regalo a tu esfuerzo y a tu superación.**

»**Madurar es asimilar, con humildad, que las cosas no siempre ocurren como nosotros queremos que ocurran,** admitir las derrotas y continuar luchando con el mismo arrojo, asumiendo lo aprendido, sin temer al dolor porque es algo que nos enseña las más útiles lecciones de vida.

»Si yo me digo a mí mismo: «Sé que en mi vida habrá cambios, unos serán dolorosos y otros gratificantes, unos me harán reír y otros llorar, unos harán que avance y otros que retroceda, pero yo me adaptaré a todos ellos», **ESO ES MADURAR.**

»Madurar es vigilar lo que sale de tu boca, respetar lo que entra por tus oídos y reflexionar sobre lo que nunca saldrá de tus labios.

»Madurar requiere de ser conocedores a la perfección de nosotros mismos, para después tener la audacia de ponernos manos a la obra y trasformar nuestros advertidos errores en merecidos aciertos.

»Madurar es estar ojo avizor y preparado para lidiar con las venturas y desventuras que la vida nos tiene planeadas.

»**Al igual que un fruto no caerá de la rama hasta que está maduro, nosotros estaremos ligados a algo o alguien hasta que maduremos**. Hay personas cuya existencia está totalmente ligada a una adicción y no me refiero solo a las drogas o el alcohol. Mira la cantidad de gente que es adicta a las redes sociales o a las consolas o mil cosas…, o incluso a un *hobby* que se le ha ido de las manos y otras lo están a una o más personas, como pueden ser sus padres o parejas. Lo primero que deben hacer y muchos no han llegado ahí… es ser conscientes de ello, para después, una vez visto el problema, poder abordarlo de una forma reflexiva y… nunca mejor dicho… de una forma «madura».

»Por todo esto…, cuando hablamos de madurar, estamos hablando sobre el **crecimiento afectivo emocional**, que no es otra cosa que desarrollar nuestros sentimientos y emociones para relacionarnos óptimamente con nuestro entorno personal y social.

Samuel, que estaba escuchando atentamente, contestó:

—Sabía que tú me ibas a iluminar en esta cuestión. La verdad es que según ibas hablando lo he entendido, tienes toda la razón, madurar no es cumplir años…, sino el conjunto de actitudes que me has comentado. Yo pensaba que ya era maduro… a mis sesenta y seis años… Imagínate, estaba totalmente convencido de ello, pero ahora veo que estoy tan lejos de madurar por completo como de la inmadurez; estaré alerta porque por lo que veo no es un premio que haya que esperar a cada cumpleaños —afirmó sonriendo.

Héctor continuó:

—Desde la juventud, puedes comenzar a madurar, no hay que esperar a que te den permiso tus padres, ni las circunstancias que te rodean. En el momento que lo decidas, tienes adjudicado ese permiso para entrar en tus sentimientos y encauzarlos en la dirección correcta, sin necesidad de ir a remolque de nadie ni de nada; eso hará que te conozcas, que sepas quién es la persona que hay tras el espejo todas las mañanas.

»Escoge un momento en el que estés a solas y relajado, plantéate cuáles son tus verdaderos sueños, asegúrate de que son esos y no otros, y en función de eso…, piensa lo que hace que te acerques a ellos o que te alejes.

»Por ejemplo, en mi caso, mis sueños son como te he dicho que tienen que ser… realistas, pero exigentes: encontrar un trabajo en el que me sienta realizado —hasta ahora solo me siento realizado como psicólogo, o en un trabajo en el que pueda ayudar a la gente—, también deseo una vida tranquila, sin deudas ni enemistades, no me veo viviendo solo toda mi vida, por lo que me gustaría encontrar a una chica con la que pueda compartir la experiencia de mi vida, y ella conmigo, y poco más…

»Si me saliera un trabajo que no fuera de psicólogo, y cobrara lo suficiente como para cubrir mis gastos, lo cogería aunque por ello no dejaría de luchar por mi sueño de trabajar de psicólogo. Seguramente, encontraría la forma de ayudar a la gente desde ese puesto; si es de reponedor de un supermercado, por decir uno, pues seguramente podría ayudar a los clientes, aunque fuera solo indicándoles dónde están los yogures, con amabilidad, y si es una persona mayor, acompañarlo en un momento, o bajándole una caja de leche de la estantería, antes de que llegue a pedírmelo…, es un decir.

»Se trata de actuar manteniendo el equilibrio entre tus sueños y la realidad. Tan malo es dejarte arrastrar incontroladamente por tus anhelos como por tu ambiente.

»Y, bueno, ¿se nos ha hecho un poco tarde, no? ¿Qué hora es?

Samuel miró su reloj y respondió:

—Pues es la una, ¡se me ha pasado la mañana volada!

—Y a mí también… Vamos a volver, que aún me tengo que ir a Jara a comer.

—Quédate en mi casa; te puedo hacer unos macarrones con atún y tomate que te chuparás los dedos… je, je.

—Vale —asintió con la cabeza.

Regresaron a la cabaña. Cuando llegaron, eran las tres de la tarde y se pusieron a preparar unos monótonos pero suculentos macarrones con atún. Samuel se encontraba muy contento por tener un invitado a comer; llevaba comiendo solo durante un año y medio, y aún echaba en falta la conversación de alguien a su lado en esos momentos del día.

Cuando estaba con Anne, se contaban lo acontecido durante la mañana, en un ambiente tranquilo, cómodo y distendido. A veces, habían terminado de comer y seguían hablando durante una hora, sentados ya en el sofá, sin ni siquiera recoger la mesa, por no perder esos preciados minutos de conversación; después, recogían todo y reposaban en los sillones un ratito. Aquellos momentos retornaron a su cabeza, pero esta vez no les produjeron tristeza, sino alegría por tener a alguien con quien compartir sus vivencias.

Después de comer, Samuel preparó un par de cafés, y continuaron hablando sobre lo que Héctor le había dicho en la montaña, hasta que ese brillante y fantástico día primaveral tocó a su fin, y el sol se marchó a iluminar otra zona del globo. Ya de noche, Héctor decidió que era hora de irse a casa.

—Samuel, gracias por todo, ¡hemos pasado un buen día de campo!

—¡Vaya que sí!

—Te acompaño al coche.

—De acuerdo, ah…, por cierto, te tengo que dejar unos libros que te he seleccionado de mi biblioteca particular. Son de los llamados libros de autoayuda, siempre me ha gustado ese tipo de libros; no todos, claro, pero hay algunos muy buenos, como los que te he traído, aunque yo pienso que el término no es del todo correcto, porque ayudarse a uno mismo se puede hacer, pero creo que es necesaria ayuda (según los casos claro…); la psicología no es como las matemáticas, por eso nunca me ha gustado esa palabra.

—La verdad es que suena raro, je, je.

—Yo lo llamaría socio-ayuda, o incluso co-ayuda.

»Recuerdo que cuando quería dejar de fumar, me leí un famoso libro sobre el tema, había muchísimas personas que no recibieron otra ayuda exterior y solo con leerlo dejaron de fumar, pero yo particularmente no conozco a nadie que haya superado un gran trauma en su vida tan solo leyendo un libro, que no quiere decir que no existan, no sé…

»Yo creo que dejé de fumar por un cúmulo de cosas, los amigos, lo que investigué por Internet sobre el tema, los casos de cáncer y enfermedades provocadas por el tabaco en conocidos y familiares, el disparatado precio de las cajetillas, y, por supuesto, también los libros que me leí del tema; pienso que todo ello en conjunto me ayudó a dejar esa asquerosa adicción. Pienso que unos libros como estos no te van a ayudar de forma aislada, pero sí te pueden dar unas pautas e ideas como las que hemos hablado los dos, para que las pongas en práctica, y para que veas tu mundo y tus circunstancias de otra forma, lo que hará posible que entren en juego otros componentes externos que te servirán para alejarte de tus pesadillas y cumplir tus meditados y verdaderos sueños.

—Gracias, Héctor, espero que algún día pueda devolverte el favor. Lo que necesites, ya sabes que puedes contar conmigo…

Héctor, con la cara sonriente y lleno de satisfacción, le asintió con la cabeza. Samuel había sido el trabajo psicológico mejor remunerado que había tenido. No cobró cantidad alguna, pero le ayudó a creer más en él mismo y sus capacidades. Seguía buscando empleo con el mismo ímpetu y seguridad que el primer día, y su ilusión no decayó, cosa bastante común en personas que pasan mucho tiempo en paro. Estaba seguro de que su temple y vivacidad al final serían recompensadas, de una forma u otra.

—Hasta luego, ¡ten cuidado con el camino!

—¡Gracias! ¡Adiós!

Samuel entró a la casa con esos libros, que no serían los únicos que leería sobre el tema. Aquella noche, reposando contra el cabecero de su cama de matrimonio, comenzó a leer el primero de ellos.

En una semana, Samuel ya se había leído todos los libros que su amigo le había prestado, y lo llamó para devolvérselos, quedaron en que iría a su casa al día siguiente para devolvérselos y comer juntos.

Y el sol volvió a salir, como todos los días. Samuel había dormido mal, le dolía la espalda, por alguna mala posición durante la noche, pero en vez de quedarse en el sillón todo el día ocupando su mente únicamente en prestar atención a su dolor, contando cada agudo pinchazo y lamentándose de su estado, se duchó y se echó un espray analgésico que tenía para calmar el dolor muscular; olía muy fuerte, pero le calmó un poco.

Salió hacia casa de Héctor. Llegó a las 9 de la mañana, tal y como habían quedado el día anterior, Héctor le estaba esperando en casa y no tardó en salir a la calle en cuanto Samuel tocó el timbre.

—Buenos días.

—Buenas —dijo Héctor.

—Toma tus libros, que no se me olviden en el coche… que con mi cabeza… sería normal…

—Je, je, vale.

Héctor pasó a casa y salió con una pequeña mochila naranja.

—¿Y esa mochila? ¿Qué has pensado para esta mañana?

—Vamos a ir a las afueras del pueblo, al mirador.

Samuel no puso objeciones; subieron al coche de Samuel y Héctor le dio las indicaciones para llegar, estaba en una curva cerrada de la carretera que salía dirección Cazalón.

Al llegar, dejó el coche en la explanada del mirador y bajaron, Samuel no lo recordaba, y tenía que haber pasado por allí obligatoriamente para llegar a Jara desde Madrid.

Las vistas eran fantásticas, el pueblo quedaba arriba y más abajo la inmensidad del valle primaveral. Corría un aire limpio y fresco, allí había un par de bancos con techo de madera. Se sentaron en uno para poder observar el paisaje y resguardarse del sol. Héctor cogió su mochila y la dejó en el suelo. Los dos quedaron callados por lo menos durante un par de minutos, absortos y apreciando desde lo alto de aquel mirador la grandiosidad del valle y de la naturaleza que lo envolvía.

—No recuerdo este mirador, pero es fantástico, Héctor.

—Sí, a mí me encanta; a veces, me vengo aquí para leer o para meditar cuando estoy preocupado por algo.

—Bueno, Samuel, y ¿cómo lo llevas? Por cierto, hueles raro, ¿no?

—Ja, ja…, sí, me he echado un espray en la espalda esta mañana, porque me he levantado con un dolorcillo…

—Ah…, je, je…, ya te iba a decir que cambiaras de colonia…

—Ja, ja…

—Y el jardín, ¿cómo lo llevas?

—Genial, todos los días me entretengo un rato en él. Además, me han gustado mucho los libros que me dejaste, y lo que hablamos de la madurez… la madurez sentimental… He pensado mucho sobre ese tema, y he entendido su verdadero significado. Estoy ansioso por saber más, seguir madurando mis emociones, aprender y ayudar a quien ande perdido…, como lo estaba yo.

—De eso se trata, Samuel: **ojalá creemos una cadena de favores**, y puedas aprovechar lo aprendido, no solo para mejorar la calidad de tus emociones, no solo para que crees un nuevo camino de maduración gracias a lograr superarte día a día, sino para que muestres ese camino a los demás, aunque sea únicamente ofreciendo tu amable y simpática compañía… y tu respetuoso oído, a los que deambulan rodeados de personas, pero sumergidos en la deshabitada soledad.

»Como sabes, no basta con estar rodeado de otros seres humanos, hay que relacionarse con ellos. Por diversos motivos, hay personas que se aíslan, creando una especie de caparazón a su alrededor, y sufriendo por una soledad de la que ya no pueden salir solos. A veces, debido a un trauma no aceptado, y otras veces, simplemente porque no han aprendido a estar solos sin caer en las garras del más infausto de los sentimientos: la soledad.

»**Ni te imaginas la gente que necesita que alguien la escuche** y le muestre su cariño, solo eso…, para sentirse mejor y recobrar las fuerzas y así evadir a la tristeza, la que penetra hasta dentro, poco a poco, inadvertida al principio y casi irremediable al final, como una ballena que tras perder el rumbo queda varada en la playa, por un golpe contra una zona rocosa, que hizo que perdiera su capacidad de orientación.

»Los seres humanos podemos recibir un duro golpe psicológico, pero nos recuperaremos si lo aceptamos, lo valoramos y logramos el control de nuestras emociones.

»No es una tarea fácil ni rápida, pero podemos tener la total certeza de que si ponemos rumbo a la autoestima, a la positividad (evitando pensamientos que nos desvíen de ella), a la empatía, al conocimiento de nuestras emociones, y al control de nuestro cuerpo y nuestra mente, con motivación y libertad, lograremos variar el rumbo de nuestro destino y poder salir del atolladero mucho más fortalecidos y concienciados de nuestro valor, que es inmenso.

» Si puedes dar amor a alguien que se encuentre en esa situación… su mente, que como la de todos nosotros es un «aparato» complicado, pero altamente competente y poderoso, quizás se ponga en funcionamiento y logre que vire el rumbo de sus pensamientos y actitudes, para evadir el peligro y evitar quedar encallado sin remedio.

»Siempre que ayudes a alguien, serás pagado con creces, lo podrás comprobar cuando te ocurra, créeme…

Samuel quedó pensativo mientras miraba el inmenso valle… Se hizo el silencio por un instante, que pronto rompió diciendo:

—Tienes razón, pensándolo bien, nunca he ayudado a nadie en ese sentido, pero a partir de ahora estaré atento y dispuesto para hacerlo…

A lo que respondió Héctor:

—Lo sé. Todos no tienen la competencia emocional que tú has adquirido, sientes tu libertad de expresar tus emociones, y eso es muy importante, no quiere decir que tengas que ir por ahí hablando de ello con cualquier desconocido, pero sabrás cuándo usar esa capacidad.

»Te has estado entrenando, como un boxeador antes de una pelea, pero en vez de ejercitar tus brazos, has adquirido conocimientos que han cambiado tu forma de ver las cosas; ahora debes usar esos conocimientos para luchar contra tus adversarios, tales como las preocupaciones, las tensiones, el dolor, el miedo, el pesimismo, y tus debilidades.

»Descubre cuál es tu lugar en este mundo; es una parcela muy pequeña, pero se pueden hacer grandes cosas en ella. ¿Te acuerdas cómo estaba tu casa antes no?

»En todo esto, la madurez que has adquirido tiene un papel protagonista, ya que te asiste a la hora de decidir qué pensamientos y emociones merecen la pena ser valorados y cuáles no; lógicamente, estos últimos hay que arrancarlos de tu pequeña porción de tierra, de tu pequeña parcela asignada en este mundo, como las malas hierbas en tu jardín, sin ningún tipo de pudor ni arrepentimientos, tan importante es la elección de las plantas o sentimientos que debes sembrar como la disyuntiva de las que debes extraer de raíz.

»A veces, es una tarea complicada, pero piensa en los que de repente son alérgicos a algún alimento: al principio sufren por el daño que les hace, un daño de origen desconocido, que quizás lo atribuyan a otros factores, haciéndolos injustamente **culpables sin necesidad**; en cuanto descubren la verdad, dejan de tomarlo y con el tiempo los rechazan sin apenas mirarlos, de forma automática.

»Madurar es evolucionar hacia un nivel de autoconciencia (sobre lo que sientes) y autocontrol (sobre lo que haces) en el que puedas construir tu vida, aceptándote a ti y a tus circunstancias… buenas y malas, sin buscar excusas ni culpables injustamente, y vivirla con empatía hacia los demás, disfrutando con los cinco sentidos del regalo de la vida, detalle a detalle, como de un amanecer, con su extensa y preciosa gama de colores, olores y sonidos; todo ello paso a paso, evolucionando y madurando… día a día.

Samuel, que estaba muy atento a lo que le aconsejaba su amigo, sin quitarle el ojo de encima y casi sin pestañear, asintió con la cabeza, no había nada que pudiera añadir a lo que le había dicho. Su conversación con Héctor le había animado. Mientras le escuchaba, se visualizaba superando todos los sufrimientos que la vida le tendría preparados.

No sentía odio ni rencor hacia nada ni nadie, había entendido que eso solo le producía daño a él, y había asumido que no lo podía saber todo, no tenía respuestas para todo, pero sí que tenía ante él un regalo grandioso: su nueva vida. Algo como una explosión inédita y brillante, de esperanza y amor, le recorrió todo su cuerpo, reconfortándolo y otorgándole confianza y serenidad a todo su ser.

—Gracias Héctor.

Héctor sacó de la mochila el almuerzo y lo comieron delante de aquella maravilla de la naturaleza; luego, guardaron los papeles en la mochila de nuevo, y continuaron charlando amigablemente hasta que llegó la hora de volver a casa.

CAPÍTULO 8: LA RECOMPENSA MÁS PRECIADA ES LA FELICIDAD

La primavera pasó fugazmente. Samuel había incluido en su rutina nuevas actividades, *hobbies* y pensamientos positivos. Con ayuda de Héctor habían comenzado a plantar flores en el terreno exterior de su cabaña, flores y arbustos aromáticos, que junto con su transformación interior, hacían que aquel recóndito paraje no se pareciera en nada a lo que era.

Flora, la tendera, fue la primera de Jara que lo notó… Ya no era tan apático e insoportable, ahora hablaba con ella sobre su nuevo jardín y las restauraciones en las que estaba enfrascado, y Flora le daba útiles consejos de jardinería, que eran acogidos con gratitud por Samuel, e incluso después de comprar, solía ir al bar del pueblo, y tomarse un café o un refresco, allí siempre había espacio y conversación para un tertuliano más. Ahora, sus viajes a Jara eran una forma de cambiar de aires, los hacía con más asiduidad y simpatía. Además, los domingos bajaba a misa de doce, y después solía tomar un aperitivo con Héctor.

Un día, mientras disfrutaban de uno de esos tentempiés, Samuel le preguntó:

—¿Cómo afecta la fe en la madurez y la evolución de las emociones?

—Es muy complicado, Samuel. Creo que a quien tiene fe de verdad, le ayuda rezar, contarle a Dios sus problemas, pedirle ayuda e intentar ser un poco mejor cristiano. Para hablar de eso, Guillermo sería el más indicado, je, je, pero… a mí me ayuda, eso sí te lo puedo decir.

»Lo que no creo que ayude a nadie es acudir a misa
como quien acude por obligación, pasar un ratito a la semana
ahí sentado y luego ya está…, ni acordarse. Quizás aún haya
personas que solo van a misa por temor a un Dios vengativo
que los va a sentar en el estrado de los «acusados» el día que
mueran… En tal caso, sería contraproducente… Ya hablamos
de los miedos, las incertidumbres infundadas, etc. Como
sabes, coartan la libertad y nos impiden ser felices… (estoy
hablando en general, eh), yo no creo en un Dios que está
esperándonos con su toga de juez alzando el mazo de la
justicia divina para darnos un coscorrón y mandarnos al
infierno si hemos sido malos. Yo creo que todos deberíamos
actuar en función de nuestra consciencia, ya está…, y si no
vamos a misa a menudo, pero hacemos el bien a los demás,
pues bien; si vamos a misa y eso nos ayuda y nos motiva, pues
bien también, je, je… Yo no voy a misa por cumplir, ni por
aparentar, ni por cosas así. A mí hay misas que me parecen
aburridas, pero otras me gustan, por algún comentario de
Guillermo que en ese momento necesitaba oír… o por lo que
sea.

A Samuel, acudir a misa le hacía situarse uno más en
este mundo, lleno de injusticias, pero a la vez de esperanzas y
volver a sus raíces cristianas, con lo que se sentía parte de una
auténtica comunidad, de su comunidad.

El amplio abanico de colores, sensaciones y olores que
la primavera les había regalado iba de forma lenta y gradual,
decreciendo y admitiendo únicamente los tonos amarillos y
rojos.

Un sol abrasador del que era difícil escapar lucía a
diario. Los frutos habían madurado gracias al empujón de los
primeros calores del verano. Si la primavera fue una explosión
colorida, el verano otorgaba los frutos de tal esfuerzo a la
naturaleza, recompensándola en forma de madurez.

Samuel, al igual que el paisaje, había trabajado durante esa época del año; además, había asimilado la verdad sobre su vida pasada, y afrontaba su futuro con toda la ilusión y esperanza de su corazón, ya sanado.

Aún aislado en su pequeño rincón del mundo, en esa parcela de tierra donde tanto había sufrido en soledad, ahora disfrutaba de unos sentimientos renovados, fruto de un conocimiento mayor de su existencia, y unos sueños e ilusiones nuevos que lo motivaban no solo a seguir viviendo, sino a tener una vida plena, y a continuar un camino de maduración.

Para permanecer en ese camino, no necesitaba estar rodeado de miles de personas en una gran urbe, ni tener muchísimos amigos, ni tener pareja, aunque aún la echaba de menos. Ya no pensaba en ella a todas horas, y cuando lo hacía, no se atormentaba, porque ese era un sendero que por las inexplicables pero admitidas leyes que gobernaban su vida ya no era accesible.

A veces, se sentía como si fuera un viudo, incluso le hablaba, en algún momento aislado o en algún trasnochado sueño, pero rápidamente volvía a su realidad y a sus nuevos sentimientos, que lo reconfortaban. Entendía entonces lo que le dijo Héctor una vez: «Si te lo propones… y luchas por ti, harás tu vida, aquí o en otro sitio, solo o con pareja, eso da igual… pero será una vida plena».

En aquel momento, no creía del todo que eso llegara a pasarle a él, pero ahora lo podía comprobar. Su mente ya no le avasallaba con preguntas y dudas sobre su carencia afectiva, no tenía poder para inculcarle esos miedos u otros igualmente infundados, porque estaba gozando de su realización, de su actual vida, y de su nueva percepción de todo lo que le afectaba, pensamiento a pensamiento, decisión a decisión, por pequeña que fuera… Era encaminada a tal fin. Por supuesto, la ayuda de Héctor fue fundamental. Al principio, le costó abrirse a él, pero lo hizo… Ese pequeño gesto de aceptar la ayuda de alguien, que tanto nos cuesta y que muchas veces pensamos que no va a servir para nada, para Samuel fue el detonante de un cambio que enriqueció su vida de nuevo, volviendo a ella con muchas más energías y ganas de vivir.

Sin lugar a dudas, si hubiera sabido lo que iba a ocurrir gracias a la ayuda de una persona preparada como Héctor, hubiera ido las veces que hiciera falta a un buen psicólogo, hubiera hablado de ello a sus viejos amigos a los que no veía desde que se fue a la montaña, ¡a quien fuera…! No hubiera esperado a que un «ángel en paro» se interesara por un antipático señor que vivía apartado de la civilización, como era él entonces.

Samuel, que ya había podido superar su trauma y gracias a ello era un poco más maduro, notaba que su estancia en el bosque estaba llegando a su fin. No sabía muy bien aún cuál sería su lugar, pero en aquel rinconcito donde maduró, ya había cumplido con su trabajo. Lo hablaría con su amigo Héctor, por lo que quedó con él para invitarlo en su casa a comer.

Héctor llegó tan puntual como siempre. El camino a la cabaña seguía tan deteriorado y peligroso como la primera vez que lo franqueó, pero al llegar a la casa, observó el jardín de la entrada, y la cabaña en perfecto estado de conservación, era preciosa…

Antes de que llegara a la puerta de entrada, ya estaba Samuel en el quicio de la puerta, con un delantal de cocina puesto, para recibirle a su hogar.

—¡¡Buenos días, Héctor!!

—¡¡Qué passaaa!! ¿Cómo lo llevas? Menudas pintas, ja, ja… Si esto era una fiesta de disfraces, deberías haberme avisado, ¡que me podría haber puesto el traje de los domingos de mi madre!

—Ja, ja, ja, ¡estás muy mal túú!! Ja, ja —vociferó el nuevo Samuel.

—Ja, ja… Bueno, vamos al lío, que tengo hambre. Espero que no estés abriendo latas de sardinas de esas que tienes caducadas por ahí.

—Ja, ja…, noo. Tú pasa y lo compruebas…

Héctor entró a la pulcra vivienda; al entrar, un olor a carne asada le inundó… hasta tal punto que comenzó a segregar saliva…

—Toma una copa de vino, lo compré para ti; como sabes, a mí no me gustan mucho las bebidas con alcohol; de todas formas, tomaré otra copita, je, je.

—Perfecto… ¡Gracias, Samuel!

En cuanto el guisado estuvo listo, se sentaron a la mesa y, mientras comían, charlaban sobre asuntos acontecidos por la zona y sobre jardinería, ya que ese era uno de sus nuevos *hobbies*.

—Héctor, estoy pensando en plantar unos pensamientos y unas caléndulas. Ahora después salimos y me dices dónde los verías tú mejor…

—Vale, no es mala idea.

—El próximo miércoles bajaré al mercado a ver si las veo.

—Seguro que sí, yo conozco un puesto que seguro que tiene, dame un toque y te acompañaré. Además, así le compraré a mi madre también algún tiesto.

—De acuerdo, genial.

Terminaron de comer, y se sentaron en los sillones frente a la mesita donde Samuel había preparado cuidadosamente unos cafés y unas pastas.

—Héctor, me gustaría decirte una cosa —pronunció Samuel seriamente, mientras lo miraba a los ojos fijamente.

—Cuéntame.

—En primer lugar, he de darte las gracias por todo lo que has hecho por mí.

—No hay de qué…

—En segundo lugar, he de decirte que llevo unos días pensando que quizás tenga que irme a vivir a otro sitio, tengo un extraño presentimiento, no sé cómo llamarlo, es una sensación en mi interior que me dice una y otra vez que este ya no es mi sitio. Aquí, desde que me animé, por así decirlo —dijo haciéndole una mueca a Héctor—, he estado muy bien, hemos cambiado este lúgubre lugar y ahora fíjate en qué se ha convertido… Y tengo los mismos muebles y hasta las mismas figuritas por todos lados, pero está todo limpio y ordenado; huele a un verdadero hogar, pero… no pierdo nada por probar, ¿no?

Héctor pensó bien su respuesta y enunció:

—Samuel, está claro que ahora mismo nada te une a esta cabaña. Si tú crees que en otro lugar vas a seguir siendo feliz como hasta ahora…, genial. Además, si te marchas de aquí, seguro que conocerás a alguien a quien puedas ayudar y eso es muy importante, o incluso enamorar, je, je, je…

—Nooo, no lo hago para buscarme novia… A mi edad eso ya no me importa tanto, tengo otras necesidades. Ja, ja.

—Lo sé… y te entiendo —asintió Héctor.

—Gracias. Necesitaba tu opinión, no olvidaré nunca lo que me has enseñado con lo que me has dicho y con tu forma de ser. Creo que desde que te conozco soy más altruista; quizás sea esa cualidad la que me esté empujando a abandonar este solitario paraje, para poder ayudar a personas que hayan pasado lo que he pasado yo. Gracias de nuevo, Héctor, por enseñarme tantas cosas, algunas de ellas sin darte ni cuenta, simplemente por tu actitud ejemplar hacia mí… Gracias…

Los ojos de Samuel comenzaron a aguarse y tomaron un color rojizo, pero hizo un intento de no llorar, porque desde pequeño le habían dicho que llorar era «de nenas», y aunque en soledad había llorado a raudales, no quería hacerlo delante de su amigo.

Héctor le puso la mano en el hombro, y asintió con la cabeza, lo que hizo que se calmara y pudiera contenerse; tras unos segundos y un par de respiraciones, continuó…

—Aunque aún no sé todo lo que se puede saber, seguiré aprendiendo, eso es lo bonito. Cuando lo sabes absolutamente todo sobre algo, debe ser adormecedor. Yo he leído los libros que han pasado por mis manos relacionados con las emociones y la felicidad, pero aún no me atrevo a decir que la felicidad es un estado permanente, es que…, además…, ¡¡no necesito que lo sea!! Para mí la felicidad son muchos momentos de descubrimiento, de sosiego, de paz interior, de charlas con un amigo físico como tú o… celestial, como rezar con el Jefe —señaló al techo con el dedo índice—… Todo eso. Todo junto es mi felicidad, pero, claro está, que vienen y vendrán momentos malos, por enfermedades o por algún ácido pensamiento que me ronde en un momento de mi vida, o mil cosas…, pero seguiré siendo feliz cuando ese momento pase, de eso no tengo duda alguna, y mientras estoy en esos trances, no me dejaré caer al abismo… No seré feliz, pero tampoco me perderé como hice cuando mi mujer marchó…

—Me encanta verte así, Samuel, elige bien tu destino… y alquílate algo con dos habitaciones, porque tendrás que invitarme, ¿no? Te dije hace ya tiempo que cuando estuvieras recuperado por completo, haríamos un viajecito; pues ese viaje lo iniciarás tú primero y luego iré yo a pasar unos días contigo, ¿vale?

—¡¡Ja, ja, claro que sí…!!

—Escúchame, Samuel: puedes ser una eminencia de la psicología, puedes pasar una vida entera escribiendo decenas de libros de «autoayuda», en los que podrías exponer los pasos a seguir para mejorar los sentimientos, puedes pasar toda tu existencia dictando pomposas y tecnócratas conferencias sobre este tema, pero no sabrás la fórmula mágica para hacer feliz a todas las personas que te lean o te escuchen.

»Lo que sí puedes hacer es lograr que quien esté a tu lado se sienta cómodo y, aunque sea por un momento, ser ejemplo para que descubran su propio camino a la felicidad, que se sientan más útiles, completos, halagados, realizados y queridos. Si haces eso, les ayudarás mucho más de lo que te imaginas.

»La felicidad, para mí, no es un concepto teórico, sino eminentemente práctico; está tan unida a la vida como cualquier necesidad básica… ¡¡Como el comer!!

»A diferencia del hambre física, si alguien es infeliz, en general, no es porque no tenga los «alimentos» que anda buscando, sino que seguramente sea porque no sabe encontrarlos.

»Cualquier persona como tú, Samuel, puede ayudar a encontrar esos alimentos a los infelices hambrientos de sueños, ilusiones y renovadas realidades. Incluso únicamente con tu compañía y amabilidad podrán aprender algo valioso, porque el ser humano es excepcional y tiene mucho más talento de lo que suponemos.

—Héctor, tienes toda la razón, no pretendo dar charlas de psicología. Lógicamente, eso lo dejaré a los que entienden, pero sí que intentaré ayudar a quien pueda.

—Me alegro, Samuel, tú también has hecho mucho por mí. Me tengo que ir, espero tus noticias. Cuando sepas dónde quieres ir, llámame, ¿de acuerdo?

—De acuerdo, así lo haré.

—Sabes que antes de despedirme de ti, siempre me vienen a la mente frases célebres, ¿no? Ja, ja…

—Síí…, así es…, je, je.

—Pues antes de bajar a Jara, aquí tienes un regalito… para que afiances para siempre tu fortaleza renovada, de la que me alegro mucho… Albert Einstein decía: «Hay una fuerza motriz más poderosa que el vapor, la electricidad y la energía atómica: la voluntad».

CAPÍTULO 9: CON LAS MALETAS LLENAS DE CONFIANZA

Samuel se despidió de Héctor. Serían las seis de una luminosa tarde; nunca olvidaría su valiosa ayuda. Mientras su amigo regresaba a Jara, él se puso a limpiar la cocina y después toda la casa; al terminar, se tumbó en el sofá y mirando el techo pensó: «Estoy solo, no hay nadie con quien compartir todos mis momentos, pero tengo una salud envidiable, amigos como Héctor, una pensión con la que puedo vivir cómodamente, una vivienda más que digna… Solo por eso soy un gran afortunado; además, me siento más independiente que nunca, puedo hacer lo que se me antoje, no tengo que dar explicaciones a nadie, puedo generar el mal o el bien, es mi decisión como persona libre, puedo viajar por todo el mundo o quedarme aquí en casa, siento la vida cómo corre por mis venas y por mi mente, estoy ilusionado como nunca, unos pequeños *hobbies* como la jardinería o la lectura me hacen sentirme realizado, no tengo ningún motivo para anhelar nada, los que no hacen otra cosa que pensar y pensar con el fin de buscar algo para anhelar, al final siempre están insatisfechos, ¿podría tener algo más? Pues sí…, pero no conozco a nadie que piense que tiene absolutamente todo lo que le gustaría tener».

Se quedó mirando las figuritas de cristal que había en una repisa de la pared. «¿Me acuerdo de Anne? ¿Me gustaría que estuviera aquí? Pues…, lo mismo no… La Anne que yo conocía quizás cambió, por eso se fue de mi lado… y si cambió…, ya no existe mi Anne… Anhelar algo que no existe ni existirá es la mayor tontería que puede hacer una persona *madura*, y yo lo soy, aunque quiero seguir creciendo en mi madurez, quiero seguir avanzando por mi camino de sabiduría y si me encuentro por ese camino a alguien a quien pueda socorrer, hacerlo… Hasta que el Señor me mande a la casa del padre». Y quedó como un bebé, felizmente dormido.

Notó un dolor en el cuello, que fue el detonante para despertar, abrió los ojos pensando que estaba en su dormitorio, y observó que estaba en el salón, se había quedado dormido tan plácidamente que no le dio tiempo ni de ir a la cama. Miró a la ventana y unos rayos de sol estaban disimuladamente atravesándola, ¡estaba amaneciendo! Se incorporó despacio y girando el cuello de derecha a izquierda, y de arriba abajo, y se dirigió al exterior; al abrir la puerta, lo recibió su bosque y le regaló otro amanecer inolvidable. Posteriormente, fue a asearse y desayunar, y durante su matinal paseo por el camino que iba a Jara, Samuel meditó qué hacer con su vida: «Aquí estoy muy bien, tengo todo lo que quiero, pero yo sé que este no es mi sitio, tengo que seguir mi camino, esto ha sido una parada en *boxes* para reparar mi mente, mi motor de emociones, después del accidente que hizo que se gripara y parara en seco… No lo voy a pensar más; en cuanto llegue a la cabaña, voy a ponerme a recoger todo, lo voy a meter en cajas y me iré donde mi destino quiera llevarme…».

Así lo hizo, comenzó a recoger todo. Tenía aún las cajas de cuando se mudaron allí… y se puso manos a la obra. Cuando le toco el turno a las figuritas de Anne, las lio muy bien en papeles de periódico y las iba dejando en una caja especial, que llenó de letreros con las palabras *CRISTAL, FRÁGIL, MUY FRÁGIL*.

Dejó para el final la última figurita que Anne había comprado, la de la chica con el paraguas. Aunque en su día no le había gustado en absoluto, ahora le encantaba, no solo porque fuera un recuerdo de su mujer, sino porque tenía un paraguas diminuto, una pierna fuera del mismo, y se supone que estaba lloviendo (si no, no llevaría el paraguas abierto) y con todo eso… tenía un rostro tremendamente sonriente, su alegría era contagiosa. Samuel recordaba los días lluviosos de Madrid, y ni por casualidad vio nunca a nadie deambular por la calle en esos húmedos y grises días contagiando tal estado de ánimo. «A ti te voy a dejar aquí, en la repisa de la chimenea, ¡guardando la casa! Las demás van a las cajas».

Recogió todas las figuras y después continuó metiendo en aquellas enormes cajas los cubiertos, los platos, la ropa de cama, y todo lo que iba sacando de cajones y armarios, excepto lo necesario para su viaje, que lo colocó ordenado en dos maletas: su ropa, los libros que más le gustaban, su bolsa de aseo personal y poco más.

Colocó unas sábanas por encima de los muebles y, para cuando terminó todo, estaba agotado. Eran las tres de la tarde y ni había comido ni tenía hambre… Se tumbó en el sofá encima de la sábana blanca que lo cubría, y estaba tan exhausto que sus ojos comenzaron lentamente a cerrarse, entró en un estado de relajación progresiva, sus músculos se iban relajando de forma pausada y ascendente, era como si ya no los sintiera. Primero sus pies, luego sus piernas, posteriormente todo su tronco desde su barriga hasta el pecho y sus brazos; pronto esa extenuada y agradable sensación llegó a su barbilla; en aquel momento, dirigió su mirada hacia la chimenea; para entonces aún tenía los ojos entornados.

CAPÍTULO 10: DESENLACE

De repente, se quedó absorto mirando la figurita de la chica sonriente con la pierna doblada y un paraguas abierto en la mano, ya que comenzó a brillar de una forma extraña. Samuel salió de ese estado de relajación voluntaria al instante, se restregó fuerte los ojos con las manos, pensando que la vista le estaba fallando, volvió a mirar y seguía brillando cada vez más, como reflejando un potente rayo del sol que no existía en ese momento. No sabía qué pensar, se levantó del sofá y se puso de pie frente a la chimenea, sin dejar de mirar aquel insólito suceso. Estaba exaltado y no hacía más que preguntarse qué podría ser aquella luz. Tras unos segundos, ese peculiar reflejo lo dejó totalmente cegado, giró el tronco hacia un lado, tapándose la cara con ambas manos, lo que no le ayudaba, porque aun con los ojos tapados, ese torrente de luz penetraba sus párpados e incidía directamente sobre sus ojos, ocasionándole un fuerte quemazón. No era capaz de ver nada, su zozobra dio paso al nerviosismo, toda la habitación se había llenado con ese resplandor, no veía nada y el miedo lo había paralizado; ni siquiera podía pensar sobre lo que le estaba ocurriendo, se sentía totalmente bloqueado, solo aguantaba el dolor y permanecía inmóvil, aunque, de forma extraña, no llegó a sentir miedo en ningún momento. De pronto, aquella fosforescencia descendió de intensidad gradualmente, y en cuanto sus ojos pudieron tomarse un descanso, se quitó las manos de la cara y miró con cuidado: toda la habitación continuaba llena de la misma luz cegadora que la llenaba por completo, pero ya no le molestaba en absoluto. Le recordó unas pesadillas que había tenido hace tiempo, contempló una tenue figura acercándose a lo lejos de aquel resplandor. Poco a poco iba definiéndose según iba acercándose más y más; lentamente, su delgada figura y sus largos cabellos ya se le mostraban envueltos en una fulgente luz que cubría todo su cuerpo. Samuel, en ese momento, no sentía nada en absoluto, embelesado de una forma sobrenatural, todo su ser estaba dedicado a escudriñar esa misteriosa aparición que envolvía todos sus sentidos, puso su mano derecha a modo de visera y entornó sus ojos todo lo que pudo, aunque no le sirvió para nada, porque la cegadora luz que parecía brotar de detrás de la figura, hacía inútiles todos sus esfuerzos.

Tras unos segundos, tan frustrantes como agitados, ya pudo atisbar de forma parcial algunas facciones de su cara, una gran sonrisa poblaba su rostro, sus expresivos ojos verdes como el mar y sus brillantes cabellos le recordaron a los de su esposa; fue entonces cuando pensó que quizás era ella, prestó toda su atención en sus labios, podría diferenciar a su mujer de entre miles viendo solo sus labios, eran simétricos y carnosos, sobre todo el de abajo, sumamente delicados y esponjosos, casi siempre los llevaba pintados con tonos rosas.

En cuando pudo vislumbrar más detalles de su rostro, observó por fin los labios y los reconoció al instante. Fue entonces cuando de repente en su pecho notó un agudo y profundo pinchazo, todo su torso ardía de dolor, cayó de rodillas al suelo, sin dejar de mirarla extendió su brazo derecho hacia ella mientras que con el izquierdo se sujetaba para no caer al suelo, intentó llamarla exclamando su nombre una y otra vez, pero era inútil, su estado de *shock* era tal que no solo estaba forzosamente inmóvil, sino que parece que se había quedado mudo; aun así, no cesaba en su malogrado intento de llamarla: «¡¡¡Anne!!! ¡¡¡Anne!!! ¡¡¡Anneeee!!!».

Cuando vio que sus esfuerzos eran en vano, su estado de nervios se agudizó, el corazón le latía de forma violenta y rápida, respiró por la boca hondo dos veces, sin dejar de clavar su mirada en su mujer, la que seguía acercándose ofreciéndole su sonrisa. El punzante dolor parece que iba calmándose; a duras penas, pudo levantarse, pensar que tenía a su mujer delante, después de tanto tiempo, lo emocionaba de forma impetuosa. Tras un tremendo esfuerzo, pudo ponerse erguido y no le importaba qué le había ocurrido. Ni siquiera pensó que podría estar sufriendo un infarto; todos sus pensamientos estaban en ella. El daño que le había hecho al abandonarlo quedó olvidado como en una mazmorra, en lo más profundo de su alma; el amor que en su día brotaba a raudales por ella y que había estado preso dentro de él comenzaba a salir como un torrente sin control; de nuevo sentía las mariposas en el estómago, como cuando la vio por primera vez hacía algo más de diez años, entró en un estado de euforia extremo, como nunca antes había conocido, su rostro cambió el gesto doloroso por una colosal sonrisa.

¡¡¡Era ella!!! ¡¡Era ella!! ¡¡Anne!! Intentó de nuevo pronunciar su nombre, pero seguía siendo imposible pronunciarlo…

—¡Anne! ¡Anne!

De nuevo, otra sacudida iracunda y seca, como un rayo, destrozó su pecho. Tras un agudo y tormentoso espasmo, sus manos de nuevo fueron de forma instintiva hacia su lado izquierdo del pecho, cerró los ojos apretándolos con vigor por el punzante y espasmódico dolor que sacudía todo su ser y tras un instante tan efímero como lacerante, se desplomó de forma turbulenta en el suelo, quedando sin sentido, tendido e inerte.

—Samuel, Samuel… —susurró Anne.

Abrió los ojos, la miró, y sonrió, estaba de pie, no sentía dolor alguno, Anne se encontraba frente a él, tenía sus brazos abiertos esperando ser abrazada por Samuel, que no la hizo esperar y se unieron en un emotivo abrazo.

—Te quiero —le susurró Anne acercando su boca a su oído.

—Pero…, si fuiste tú la que me abandonó, y me dejaste solo… Lo he pasado tan mal, Anne… No te puedes ni imaginar lo que me costó valorar la vida sin ti; menos mal que tuve la ayuda de un chico, mi ángel, si no llega a ser por él, hubiera cometido alguna locura…

—Lo sé, mi amor, yo he anhelado este momento desde entonces.

—Ahora soy feliz de nuevo a tu lado, Anne, más feliz de lo que he sido nunca en mi vida, aunque creo que todo esto me ha causado mucha impresión, porque tengo una sensación extraña por todo el cuerpo, no sé cómo explicarlo.

Se fundieron de nuevo en un apretado abrazo. Anne le susurró al oído:

—**Tranquilo, cariño, el amor será todo a partir de ahora**, nunca más nos separarán, nunca, mi amor…

Mientras permanecían abrazados, cerraron los ojos lentamente y juntaron sus labios, liberando todo el poder del amor que se tenían. Samuel, en ese mismo instante, quedó extrañamente extasiado y se desvaneció.

Retrocedió hasta el 5 de febrero de 2011, al día siguiente de mudarse a la cabaña con Anne.

De repente, estaba oyendo un bolero sonar: «Contigo», así como el enervante ruido de los limpiaparabrisas frotando a toda velocidad contra la luna de su viejo coche dorado y el agua aporreando ferozmente su viejo utilitario, mientras conducía por el camino que bajaba de la montaña hacia el pueblo. Era de noche, estaba lloviendo tormentosamente, se dirigió hacia una cerrada y sinuosa curva a la derecha; al entrar en ella, el coche comenzó a perder la tracción repentinamente y Samuel giró el volante hacia el lado contrario intentando controlarlo, Anne se puso a gritar presa del pánico, y Samuel pisó el freno con todas sus fuerzas, lo que hizo que el coche se deslizara mucho más deprisa. Al llegar a la cuneta, ya iba totalmente descontrolado; notó como saltaba el desnivel que había en esa orilla del camino, todo comenzó a dar vueltas de forma acelerada y violenta, sentía impetuosos golpes por todas las partes de su cuerpo, pequeños trozos de cristal se le iban clavando por la cara y los brazos, que ya no sujetaban el volante y se movían en todas las direcciones. No se podía ver nada, el humo y los pequeños pedazos de cristales y plásticos lo llenaban todo, unas tremendas sacudidas dirigían el cuerpo de Samuel de forma arbitraria, como un muñeco zarandeado por fuerzas desconocidas, se oían unos tremendos crujidos y golpes por todos lados, uno fue seguido de un dolor indescriptible en la cabeza de Samuel, tras el que espetó un alarido desgarrador, todo seguía girando, pero un poco más despacio; de repente, el vehículo dejó de dar vueltas y quedó detenido boca arriba, sujetado por un gran pino, que evitó que siguieran cayendo por el terraplén de aquella montaña.

La calma se adueñó del momento; entonces, con los ojos cerrados, lo primero que apreció fue su sangre correr por su frente, su nariz y su cara hasta llegar al pecho. A duras penas pudo entreabrir los ojos y entonces solo vio un amasijo de chatarra humeante envuelto como en una cascada de agua que comenzaba a introducirse por el hueco del parabrisas junto con un olor parecido al de la tierra mojada, pero mezclado con el de su sangre, alzó un ápice su mirada y observó un gran tronco frente a él.

—Anne, ¿estás bien? —susurró angustiosamente y con gran esfuerzo en varias ocasiones.

No recibió ninguna respuesta…, intentó con todas sus fuerzas girar la cabeza para mirar al lado del acompañante, pero antes de lograrlo quedó inconsciente.

La angustia y el padecimiento insoportable se disiparon, **Samuel volvió al presente** y comenzó a abrir los ojos muy despacio, se percató de que estaba de pie, aunque no sentía el peso de su cuerpo sobre sus pies, era una sensación rara, pero no le dio importancia; al abrir sus ojos por completo, solo discernía bultos borrosos en un fondo de luminosidad natural suave. Realizó un esfuerzo para fijar la vista, que en unos segundos dio sus frutos, los bultos tomaron forma y esas formas fueron realizándose; por fin, veía todo claro, estaba en una habitación de hospital, las paredes y los muebles eran blancos.

De espaldas, delante de él, estaba un señor con una bata, era muy corpulento y alto, no le dejaba ver casi nada, solo la parte de atrás de su bata. Samuel se movió hacia un lado, y vio una cama y muchos aparatos y cables conectados a un señor que estaba allí tumbado boca arriba, subió la mirada y… ¡era él!

Se reconoció al instante, aunque esa desahuciada persona estaba mucho más deteriorada y delgada que él, no tenía la más mínima duda, se estaba viendo a sí mismo, moribundo en una cama de hospital, tal y como se veía en sus pesadillas; a su derecha había dos chicas con bata, eran las enfermeras. Lo impresionante de ese momento fue que no se sentía estresado por la escena que estaba contemplando de forma inadvertida por todos, no sentía temor alguno, se limitaba a observar fijamente la escena, como si estuviera viviendo un sueño consciente:

Una de las enfermeras dijo:

—Doctor, ¿continuamos con la RCP? *(Reanimación cardiopulmonar)*.

El doctor, sin alterar su sobrio gesto, no respondió, se dirigió a los pies de la cama, cogió una fría y metálica carpeta con pinza que colgaba del mismo y dijo:

—Enfermera, por favor, retire las paletas y todo esto; no podemos hacer nada más, las dos descargas con el desfibrilador han sido inútiles.

Mantuvo la mirada en el historial durante un minuto y continuó, dictando:

—Realice el siguiente apunte por favor:

Fallece paciente que permanecía en coma, desde accidente de tráfico el 5 de febrero de 2011, que le provocó diferentes lesiones graves, entre ellas traumatismo craneoencefálico severo.

Su estado se ha ido agravando paulatinamente en repetidas ocasiones.

Causa de la muerte: paro respiratorio, sin respuesta a la RCP.

Hora de la muerte: 17:35.

—Preparen al difunto y llamen a un celador, que lo lleve al tanatorio lo antes posible.

Samuel asimiló lo que había ocurrido, se percató de la verdad, pero su estado continuaba sereno y tranquilo: acababa de morir.

Mientras estuvo en coma sufriendo y evocando el cariño de su querida mujer, su avispada mente sabía que esos asfixiantes sentimientos debían ser extirpados para siempre, no hacía falta un cuerpo en óptimas condiciones para ello, solo una mente lo suficientemente clara y una pequeña ayuda… Por eso, creó un mundo paralelo en el último lugar donde habían vivido, para darse una oportunidad.

En ese mundo interior, luchó, con éxito, para modificar sus emociones, para eliminar su infundada e insalubre culpa, ocultada tras un inventando abandono, que desde el primer día del coma lo invadió e intentó arrastrarlo sin éxito, hacia las más profundas y oscuras tinieblas.

Durante el tiempo que duró ese suave y dulce beso, Samuel lo entendió todo…

—Sí, cariño, ahora el amor lo será todo.

Y lentamente… el abrazo de Samuel y Anne se difuminó, fundiéndose con la eternidad.

¿Piensas que por apagar muchas velas el día de tu cumpleaños ya eres maduro?

Ojalá, pero no es así…

La palabra «conflicto» se suele interpretar como algo negativo, algo que puede sumergirte en las tenebrosas profundidades de la aflicción y la desolación. Pero…
¿Y si un conflicto no fuera algo tan malo?
A lo largo de nuestra vida, superamos todo tipo de conflictos, y tras cada éxito damos un pequeño paso en nuestro camino hacia la madurez y adquirimos las herramientas para poder afrontar otros conflictos, que, inevitablemente, acudirán a nuestro encuentro, antes o después.

Ahora tienes que tomar una decisión: ¿lees este libro o… sigues buscando?

No te voy a engañar, aquí no encontrarás todas las respuestas ni las herramientas que solo tú necesitas, pero te ayudaré a que las obtengas de la única forma posible: fabricándolas tú mismo.
No esperes que nadie madure por ti, llévate este libro a casa y toma desde hoy las riendas de tu madurez.

Descubrirás tu verdadero camino a la maduración, un constructivo recorrido lleno de fracasos y aciertos, de trabajo y esperanza, que te preparará para edificar tu propia madurez, mientras contemplas la historia de Samuel, contada de una forma clara y llana con un final sorprendente e inesperado.